文 化 手 邊 冊 4

新保守主義

New Conservatism

李連江 著

孟樊 策劃

出版緣起

　　社會如同個人，個人的知識涵養如何，正可以表現出他有多少的「文化水平」（大陸的用語）；同理，一個社會到底擁有多少「文化水平」，亦可以從它的組成分子的知識能力上窺知。眾所皆知，經濟蓬勃發展，物質生活改善，並不必然意味這樣的社會在「文化水平」上也跟著成比例的水漲船高，以台灣社會目前在這方面的表現上來看，就是這種說法的最佳實例，正因為如此，才令有識之士憂心。

　　這便是我們──特別是站在一個出版者的立場──所要擔憂的問題：「經濟的富裕是否也使台灣人民的知識能力隨之提昇了？」答案

恐怕是不太樂觀的。正因爲如此，像《文化手邊冊》這樣的叢書才值得出版，也應該受到重視。蓋一個社會的「文化水平」既然可以從其成員的知識能力（廣而言之，還包括文藝涵養）上測知，而決定社會成員的知識能力及文藝涵養兩項至爲重要的因素，厥爲成員亦即民衆的閱讀習慣以及出版（書報雜誌）的質與量，這兩項因素雖互爲影響，但顯然後者實居主動的角色，換言之，一個社會的出版事業發達與否，以及它在出版質量上的成績如何，間接影響到它的「文化水平」的表現。

那麼我們要繼續追問的是：我們的出版業究竟繳出了什麼樣的成績單？以圖書出版來講，我們到底出版了那些書？這個問題的答案恐怕如前一樣也不怎麼樂觀。近年來的圖書出版業，受到市場的影響，逐利風氣甚盛，出版量雖然年年爬昇，但出版的品質卻令人操心；有鑑於此，一些出版同業爲了改善出版圖書的品質，進而提昇國人的知識能力，近幾年內前後也陸陸續續推出不少性屬「硬調」的理論叢

書。

　　這些理論叢書的出現，配合國內日益改革與開放的步調，的確令人一新耳目，亦有助於讀書風氣的改善。然而，細察這些「硬調」書籍的出版與流傳，其中存在著不少問題，首先，這些書絕大多數都屬「舶來品」，不是從歐美、日本「進口」，便是自大陸飄洋過海而來，換言之，這些書多半是西書的譯著，要不然就是大陸學者的瀝血結晶。其次，這些書亦多屬「大部頭」著作，雖是經典名著，長篇累牘，則難以卒睹。由於不是國人的著作的關係，便會產生下列三種狀況：其一，譯筆式的行文，讀來頗有不暢之感，增加瞭解上的難度；其二，書中闡述的內容，來自於不同的歷史與文化背景，如果國人對西方（日本、大陸）的背景知識不夠的話，也會使閱讀的困難度增加不少；其三，書的選題不盡然切合本地讀者的需要，自然也難以引起適度的關注。至於長篇累牘的「大部頭」著作，則嚇走了不少原本有心一讀的讀者，更不適合作為提昇國人知識能力的敲

門磚。

　　基於此故，始有《文化手邊冊》叢書出版
之議，希望藉此叢書的出版，能提昇國人的知
識能力，並改善淺薄的讀書風氣，而其初衷即
針對上述諸項缺失而發，一來這些書文字精簡
扼要，每本約在五萬字左右，不對一般讀者形
成龐大的閱讀壓力，期能以言簡意賅的寫作方
式，提綱挈領地將一門知識、一種概念或某一
現象（運動）介紹給國人，打開知識進階的大
門；二來叢書的選題乃依據國人的需要而設計
的，切合本地讀者的胃口，也兼顧到中西不同
背景的差異；三來這些書原則上均由本國學者
專家親自執筆，可避免譯筆的詰屈聱牙，文字
通曉流暢，可讀性高。更因為它以手冊型的小
開本方式推出，便於攜帶，可當案頭書讀，可
當床頭書看，亦可隨手攜帶瀏覽。從另一方面
看，《文化手邊冊》可以視為某類型的專業辭典
或百科全書式的分冊導讀。

　　我們不諱言這套集結國人心血結晶的叢書
本身所具備的使命感，企盼不管是有心還是無

心的讀者，都能來「一親她的芳澤」，進而藉此
提昇台灣社會的「文化水平」，在經濟長足發展
之餘，在生活條件改善之餘，在國民所得逐日
上昇之餘，能因國人「文化水平」的提昇，而
洗雪洋人對我們「富裕的貧窮」及「貪婪之島」
之譏。無論如何，《文化手邊冊》是屬於你和我
的。

孟樊
一九九三年二月於台北

目　　　　錄

引論
二十世紀西方
政治共識的立與破

在二十世紀的上半葉，有三件大事給西方人的印象最深，對西方政治的影響也最大。一件是一九二九年使西方經濟陷於癱瘓的經濟大蕭條，另兩件就是使千百萬人家破人亡的兩次世界大戰。

痛定思痛，經歷三次重大打擊後，西方人，特別是一貫奉行英國古典自由主義的英美兩國人民終於發現，主導他們政治經濟生活的一條基本原則可能是有問題的。這條原則認為，無需政府努力，在資本主義的自由市場經濟體制下，自發的社會力量和人民自然養成的習慣就足以保障社會經濟獲得應有的發展，並保障各種社會問題得到適當的解決。現在，人們對古典自由主義的這一基本信條產生了懷疑。西方

的政治思想家和政治家們紛紛指出，雖然自由
市場體制能有效地促進經濟的發展，但是它不
能保證社會公義和平等。市場促使人人盡力從
事生產性的活動，但市場也使人變得唯利是
圖，薄情寡義。一味依賴市場，不能有效地防
止類似大蕭條這樣的經濟危機，當然也就無從
防範經濟危機必然導致的社會危機和政治危
機。

　　第二次世界大戰結束後，西方資本主義兩
大強國——英國和美國——都以對政府職能的
新認識爲依據，在國內政策上作了一系列重要
的調整和改革。政治家們認爲，要避免再度發
生大蕭條，防止戰爭悲劇重演，預防共產主義
革命在本國發生，就必須改變過去完全依賴市
場的作法，大力加強政府在社會生活中的作
用。他們在內政方面樹立了兩個重要目標。第
一是由政府干預經濟，調節資源分配，保障自
由競爭，控制通貨膨脹，以求經濟不斷增長；
第二要擴大人民的民主權力，通過政府的努力
緩和由於貧富不均和其他社會不平等如種族歧
視造成的問題。具體說來，爲了實現第二個目
的，政府一方面應實行累進稅制以縮小貧富差

距，另一方面要利用稅收為全體公民提供基本
的社會福利和社會保障，例如提供失業救濟，
從而在根本上消除社會動盪和革命的根源。一
時間，英國經濟學家約翰・梅納德・凱恩斯
(John Maynard Keynes)的主張國家干預經
濟的學說和提倡建設福利國家的社會民主主
義，成了西方政治思想的主流。傳統的自由主
義經濟學說和政治學說暫時退到了歷史的後
台。

　　上述認識在英美兩國都超越了黨派的界
限，成了執政黨和在野黨共同維護的基本原
則，成了政治家們的共識，無論哪個政黨贏得
政權，都不會在這些原則問題上推翻反對黨的
基本政策。在美國率先施行這些原則的是羅斯
福領導的民主黨，共和黨在艾森豪威爾領導下
執政後，並沒有推翻民主黨的基本政策。同樣，
在英國率先施行這些原則的是阿特里 (C. R.
Attlee)領導的工黨，保守黨在邱吉爾領導下贏
回政權後，也沒有推翻工黨的基本政策。

　　西方政治界的這一共識保持了三十多年，
但是，其黃金時代實際上只有十年光景。從六
〇年代開始，它就開始受到了來自左右兩方面

嚴重的挑戰。在英國和美國，共識政治的基礎
遭到了一連串嚴重的破壞。到七○年代後期，
因爲經濟長期停滯不前，英國政府不得不開始
向國際貨幣組織貸款。爲了獲得貸款，英國政
府就不得不在經濟政策上按債主的要求進行調
整，而這就意味著必須打破維持了近三十年的
政治共識。無獨有偶，美國的政治共識也一樣
遇到了嚴重的挑戰，先是美國政府在改造美國
社會方面連遭敗績，後是因爲在越南問題上失
誤引起聲勢浩大的反戰運動，動搖了人民對政
府的信心，同時，風起雲湧的黑人民權運動更
使美國政府的社會福利政策受到了來自左右兩
方面的攻擊。

　　面對新的社會問題，思想家們作出了各式
各樣的解釋，提出了各式各樣的解決方案。其
中影響最大、在現實政治中被應用最廣的，首
推六○年代起源於美國的新保守主義。

　　在許多人心目中，保守主義與右派差不多
是等價的，右派又往往被等同於因循守舊，甚
至被等同於反動。但是，在八○年代的美國和
英國的政治舞台上，我們看到的卻是另一幅景
象。大約於同時期分別執掌美英兩國政權的羅

納德・雷根（Ronald Reagan）和瑪格麗特・柴
契爾夫人（Margaret Thatcher），領導的都是
奉行保守主義的政黨，但他們又都是大刀闊斧
的改革家。在美國，一九八〇年當選美國總統
的雷根按照羅斯福的榜樣提出了新聯邦主義
（New Federalism），在財政、賦稅和收入分配
等重大內政問題上制定了一系列新政策，大幅
度地背離了羅斯福總統在三〇年代首倡新政
（the New Deal）以來形成的政治主流或「共
識」。在大西洋的另一岸，一九七九年出任英國
首相的柴契爾夫人對英國政治進行了更徹底的
改革，她一反保守黨領袖的實用主義作風，公
開宣稱自己是懷有堅定信念的政治家，衝破種
種阻力，堅決地打破了保守黨與工黨共同保持
三十年之久的政治共識，廢除了共識政治的基
本原則——即政府保障就業、福利國家和不限
制工會權力。

　　這裏，令人迷惑的是這樣一個問題：雷根
和柴契爾夫人分別是美英保守黨的領袖，按理
說他們應該盡力保守現存的制度，怎麼他們的
政策要點反而是革新呢？即便說這是一種復舊
的革新，可打破現狀之舉總很難被稱為是保守

的吧！

　　更令人迷惑的是，拋開雷根和柴契爾夫人的保守主義頭銜，細看他們的政策，您會驚異地發現他們奉行的並不是傳統意義上的保守主義，恰恰相反，他們的指導原則更多地是以英國哲學家約翰‧洛克(John Locke)和經濟學家亞當‧斯密(Adam Smith)為代表的古典自由主義。

　　這究竟是怎麼回事？為什麼保守黨領袖奉行的是古典自由主義原則？保守主義與自由主義各是什麼樣的理論？它們的本質區別是什麼？新保守主義新在那裏？難道是新在偷天換日地回到古典自由主義嗎？如果您對這些問題感興趣，那麼讀這本小冊子也許對您會有一點幫助。

第一章
保守主義概說

第一節 什麼是保守主義？

　　《紅樓夢》第十七回，賈政要試寶玉的才情，遂命他隨衆清客一同遊新建的大觀園，試擬匾額對聯。「抬頭忽見山上有鏡面白石一塊，正是迎面留題處。賈政回頭笑道：『諸公請看，此處題以何名爲妙？』衆人聽說，也有說該題『疊翠』二字，也有說該題『錦嶂』的，又有說『賽香爐』的，又有說『小終南』的，種種名色，不止幾十個。原來衆客心中早知賈政要試寶玉的功業進益如何，只將些俗套來敷衍。寶玉亦料定此意。賈政聽了，便回頭命寶玉擬

來。寶玉道：『嘗聞古人有道：「編新不如述舊，刻古終勝雕今。」況此處並非主山正景，原無可題之處，不過是探景一進步耳。莫若直書「曲徑通幽處」這句舊詩在上，倒還大方氣派。』」

短短幾行文字，活靈活現地畫出了衆清客之阿諛，賈政之愚鈍，寶玉之機敏。不過，我們在這裏且顧不上讚歎曹公的生花妙筆，更令我們感興趣的是寶玉口中說出的那句格言。

「編新不如述舊，刻古終勝雕今」，短短一十二字道盡了保守主義的要旨。要問什麼是保守主義，這句格言說的就是。

您可能會問，保守主義畢竟也是一種主義，會這麼簡單嗎？在某種意義上，的確就是這麼簡單。在這一點上，保守主義不同於其他的許多主義。其他主義大多是由少數思想家構想出來的。相反，保守主義首先不是一種精心構造出來的意識形態，而是一種自發的處世態度和風格。保守主義的本質是充分肯定傳統的價值，審愼地對待變革和變化。自覺的意識形態大多有一個終極的理想境界，一個最高的奮鬥目標，或一個神聖不可侵犯的價值，因而常常表現爲一種行動綱領。例如，以馬克思爲代

表的共產主義思想家就為人類構想了沒有壓迫、沒有剝削、「各盡所能，各取所需」的理想境界，並以對未來的熱望為徹底改革現存社會制度的根據。保守主義者卻不熱衷構造完美的理想境界，他們雖然不是不分青紅皂白地反對一切變革，但是堅持不可輕言變化，反對一切不必要的和無把握的改革。他們的理由是，凡是已被歷史證明行之有效的制度都是眾人智慧的結晶，是任何個人都無理由推翻的。保守主義者注重實際，不尚玄談，議人論事總是根據已有的成績，而不是著眼於未來的輝煌。

　　保守主義是一種處世態度、一種做事風格。這是它簡單平易的一面。我們可以把這種保守主義叫做自發的保守主義。所謂自發，就是指沒有系統的理論論証，大體上相當於我們日常說的那種知其然而不知其所以然。自發的保守主義沒有固定的創始人，古今中外到處都可以看到它。這本書要談的主要是自覺的保守主義，或者說是政治思想家們的保守主義。

　　正如世間的其他事物一樣，保守主義一旦進入思想家的視野，便不可避免地失去了它的質樸。不信您就來看看當代著名的英國保守主

義哲學家羅哲‧斯古魯頓(Roger Scruton)給保守主義下的定義：保守主義是一種「政治觀點，它起源於保守現存事物的願望，這些事物要麼被認為本質上是好的，要麼被認為優於可能獲得的替代物，或者至少是人們覺得安全、熟悉、可靠、可愛的」(1982)。說法變了，道理可還是那個道理。

假如我們質問寶二爺為什麼「編新不如述舊，刻古終勝雕今」，憑他的聰明，他不會張口結舌應對不來。但我們也差不多可以肯定寶玉不會講出什麼深奧的道理。哲學家們是不滿足於讓人痛快地質樸下去的，據他們分析，貌似簡單的保守主義並不簡單，它實際上是以關於人性、社會、制度、歷史發展等問題的一些基本看法為出發點的。按照慣例，我們把這些基本看法稱為基本原則。

原則是哲學家喜用的字眼，免不了顯得捉摸不定。說不定您是下了好大決心才來購買、閱讀這本小書，馬上就請您品嚐哲學家們種出的酸蘋果，似乎不夠禮貌，弄不好您會讀得氣悶而敗壞了興致；所以，我們還是先談一點比較簡短易懂的吧。

第二節　歐洲的自由主義傳統

　　在討論保守主義之前，有必要先簡要介紹一下保守主義的對立面：自由主義。儘管人們在不同情形下也把保守主義與激進主義、革命理論、改革思想等對立起來，在比較嚴格的意義上，保守主義的冤家對頭是自由主義。俗話說，「冤有頭，債有主」，要透澈地理解保守主義，就不能一點也不瞭解它的敵對面。

　　自由主義一詞最早產生於十八世紀末和十九世紀初的英國。這裏面還有一段有趣的小插曲。十八世紀時，由於率先完成了工業革命並在政治上經歷了建立現代民主制度的「光榮革命」，英國成了世界上最強大的國家，歐洲大陸諸國的封建統治者對英國頗有點妒恨交集，一方面，他們十分羨慕英國的強盛，有意仿效，另一方面卻又不肯接受英國的新政治思想和民主制度，對於心儀英國政治制度或思想的人多有防範。在當時的西班牙，一些人為了攻擊思想親英的政敵，去其繁，擇其要，把英國人的

政治思想和制度一概稱爲「自由主義的」,並把
政敵稱爲自由主義者,其情形頗近於當今大陸
某些人被稱爲「資產階級自由化份子」。有趣的
是,後來英國一些人又把西班牙人發明的「自
由主義者」原封不動地搬回英國,用來指那些
在政治思想上背離英國傳統、主張效法歐洲的
人。這一次,英國的被稱爲自由主義者的人們
並未感到不平,痛快地認可了這個稱呼,倒不
是因爲他們眞的主張在政治上向歐洲看齊,而
是因爲「自由主義者」(liberal)與「自由」
(liberty)在詞源上的密切關係。既然他們的根
本宗旨就是提倡自由,被稱爲自由主義者當然
是沒什麼不可以的。

要定義自由主義是什麼,當然要先定義什
麼是自由。但是,「自由」一詞在歐洲語言中是
個多義詞。例如,一種意見認爲,如果一個人
有選擇的餘地和選擇能力,那麼他就是自由
的。另一種意見則認爲,僅有選擇能力還算不
上自由。一個人可以被迫選擇要麼服刑,要麼
上戰場。這個人有選擇餘地,但說他有自由就
未免勉強。按這種意見,一個人可以按自己的
意志行事時才是有自由的。至於意志由什麼決

定，則無關緊要。同樣是墜落懸崖，對於失足者來說是不自由的，因為這不合乎他的意志，而對於自尋短見者就是自由的，因為這是他運用意志的結果。在第三種意義上，人被認為有固定不變的本質和良知，如果人能夠不囿於外界束縛，憑自己的心性行事，他就是自由的。這種自由不是單純的隨心所欲，而是類似於孔夫子說的那種「不逾矩」的從心所欲。此外，基督教神學認為，自由就是善，上帝是絕對自由的，也是盡善盡美的。上帝不為惡，並不是對上帝之自由的限制。因為真正的自由就是善。人有自由意志，這是神的恩典，但只有那些用自由意志順服神的旨意的人才真正享有自由。濫用自由意志的結果是罪和罰，不是真正的自由。人類有原罪就是因為人類的始祖誤用了自由意志，聽從魔鬼誘惑做了違背上帝旨意的事。

有這麼多種自由，相應地也就有了多種多樣的自由主義。十九世紀中葉，英國哲學家約翰·斯圖爾特·彌爾（一譯穆勒）（John Stuart Mill）區分了兩種自由主義，即英國的自由主義和歐洲大陸的自由主義。按彌爾的分析，英國

自由主義的主要內容是哲學家約翰・洛克闡發
的自然權利學說和由經濟學家亞當・斯密和大
衛・李嘉圖(David Richardo)闡述的自由市場
經濟學說。這兩種學說都強調個人的自由，反
對政府干預公民的活動，理由是國家權力是公
民為了更好地保障其權益而讓渡一部份自然權
利的結果。國家的職能僅在於保護公民個人無
力保護的權利，無權干預個人的事務。因此，
英國自由主義在經濟上主張自由放任，政治上
強調寬容異己，尊重個人權利，限制政府的權
力。

　　總括起來，英國的自由主義包括以下四條
基本原則：第一，在國家與公民社會的關係問
題上，反對建立強大的國家機器，注重用公民
社會的力量制約政府的行動。第二，在政治與
宗教的關係問題上，主張政教分離，反對政教
合一和神權政治，強調宗教信仰自由和寬容。
第三，在政治與經濟的關係問題上，強調個人
的自由和權力，主張經濟上自由放任。第四，
在個人與個人之間的關係問題上，主張人與人
之間不論其社會地位和經濟收入，都應享有同
等的機會和尊重。

　　從哲學角度看，自由主義的四條原則都是肯定天賦人權和懷疑他人的邏輯結論。由於相信人人有天賦的權利，自由主義者強調個人自由和人人平等；由於懷疑他人，自由主義者反對把任何東西（那怕是好的東西）強加於人，他們對他人、對異己的社會或群體及其超個人的政治權力本能地懷有戒心。這正是自由主義者反對建立強大國家機器的理由。

　　與此相對的是歐洲大陸的自由主義，這派自由主義的特點是強調社會的整體利益。歐洲大陸自由主義最有名的代表人物是法國哲學家讓-雅各•盧梭(Jean-Jacques Rousseau)，盧梭也認為人人都生而擁有一些自然權利，這些權利理應受到尊重和保護。但他同時也強調，社會成員必須服從社會的「總意志」（或譯為全意志），這總意志不是個別公民的意志的總合，也非簡單地是多數人的意志，而是一種高於個別公民意志但又與公民的根本利益一致的意志。由於強調這種帶有神秘色彩的總意志，歐洲的自由主義更注重個人通過參預民主政治實現其自由，而不是通過不受政府約束實現其自由。換句話說，英國的自由主義比較注重消極

的或負面的自由（negative liberty），歐洲大陸
的自由主義則比較重視積極的或正面的自由
（positive liberty）。這兩者的差異最集中地體
現在人們常提到的兩個命題中。一方面，英國
古典經濟學家亞當‧斯密認為最好的政府是管
得最少的政府，另一方面，歐洲大陸自由主義
的宗師盧梭則提出，如果一個人不懂得或不願
意自由，那麼社會可以「強迫他自由」。在政治
上，英國自由主義認為政府應當無為，歐洲的
自由主義則認為政府應當有為，國家應當成為
促進社會進步的工具。

　　不難看出，由歐洲大陸的自由主義可以走
向激進或革命，甚至走向獨裁。例如，如何才
能確定一個社會的總意志是什麼呢？盧梭告訴
我們，總意志不是個別公民意志的總和，也不
完全等同於社會大多數人的意志。這實際上是
說，個別公民並非總是能認清自己的真正利益
是什麼。可是，如果民眾不知道他們的真正利
益，誰知道呢？答案是擺脫了矇蔽的教育者，
但是，正如馬克思指出的，教育者本人必須首
先是受教育者。所以，盧梭實際上沒能回答總
意志的來源問題。這樣一來，當權者、野心家、

革命家就都有可能拉大旗作虎皮，假社會總意
志之名招搖撞騙。

　　歐洲大陸的自由主義在一定程度上爲法國
革命的爆發創造了思想條件，法國革命則直接
促成了英國保守主義的誕生。

第三節　保守主義與自由主義

　　作爲系統的政治哲學，保守主義的產生晚
於自由主義。據學者們考証，保守主義作爲一
個政治術語流通，最早是在一八三〇年代的英
國倫敦和法國巴黎。保守主義是思想家對歐洲
大陸的自由主義思想及其引發的過激行爲作出
的反應。用英國哲學家泰德・亨德里希(Ted
Honderich)的話來說，保守主義始於對一七八
九年法國革命的「非難，震驚，恐懼和抵抗」
(1990，頁1)。

　　保守主義是由一批思想家同時提出的，其
中最著名的是英國政治哲學家埃德蒙・柏克
(Edmund Burke)和法國政治思想家阿列克
斯・德・托克維爾(Alexis de Tocqueville)。

由於柏克在一七九一年發表的《對法國革命的
反思》（*Reflections on the Revolution in
France*）一書中最為系統地闡述了作為一種政
治哲學的保守主義，所以人們習慣上稱他為保
守主義的創始人。

　　您可能會問，保守主義出現於十八世紀，
那是不是說在此之前沒有保守主義呢？這是一
個非常有趣的問題。我們在第一節區分了自發
的保守主義和自覺的保守主義。如果您說的是
自覺的保守主義，答案是肯定的；但您若是指
自發的保守主義，答案就是否定的了。談到十
八世紀之前有沒有保守主義，英國的大衛・賽
西爾勛爵（Lord David Cecil）有一段妙評。他
說，保守主義在中世紀不引人矚目，並非因為
那個時候保守主義太少，而是由於那時除了保
守主義沒有別的。

　　看看中國歷史上的保守主義，情況大體相
似。不少人會同意老子、莊子和孔夫子大約同
時提出傾向保守乃至復古的政治哲學，其中孔
夫子的儒家學說尤其被認為以守成見長。是不
是這些老先生之前就沒有保守主義呢，我們大
概要借用賽西爾勛爵的話來回答這樣的問題。

以孔夫子而言，他要保的是周朝的禮制。一種
制度到了需要被保的地步，處境就不能算是很
妙了。但也只有這個時候，保守主義才會引起
人們的注意。在這危機到來之前，人們似乎是
自然而然地按照保守主義行事的。

　　從以上的討論，似乎可以作出這樣一個結
論：保守主義也許是人們最自然的生存態度，
以至於在相當長的歷史過程中人們不覺得它的
存在。

第四節　柏克的保守主義

　　埃德蒙・柏克(1729-1797)是舉世公認的保
守主義開山祖師。幾乎所有的現代保守主義者
都稱自己是柏克思想的繼承者。因此，雖然本
書不打算採用思想家列傳式的寫法，專門闢出
一節討論柏克的思想仍是必要的。

　　柏克的保守主義是反省法國革命的結果，
因而他的每一個重要論點都可以被理解成是法
國革命理論的反題。例如，革命思想家們全盤
否定傳統，認爲它們違背人類理性，是歷史進

步的絆腳石，必須毫不留情地予以剷除。與此相反，柏克認為，每一個具體的政治事件都只不過是巨大的歷史計劃中的一瞬間，現在的一切都有一個漫長的過去作為源頭，現在的人們也不過是歷史長索上的一個環節。因此，現在人們的首要任務是繼承前人的遺產，並妥善地把它們移交給後人。

又例如，革命思想家們主張人人擁有天賦人權，以「自由，平等，博愛」為思想旗幟。柏克則認為，並非每一個公民都應當參預政治，政治是執政者的事，平民無權過問。不僅如此，柏克還認為政治權力世襲對社會最好。理由是，在世襲制度下，統治階級的人生來便以執政為己任，久經歷練，老成穩妥。如果政權不斷易手，新執政的階級很可能對政府的權能產生幻想，一旦他們被這種幻想沖昏頭腦，他們就會貿然將不切實際的抽象觀念付諸實踐，妄求憑空創造一個全新的社會。其結果必定是在歷史和傳統的鐵壁上碰個頭破血流，並給民眾造成巨大的災難。

在柏克看來，反傳統，重個人，薄義務，厚權利，輕實際，尚空想，無一不是信奉理性

主義的結果。「除惡務盡，斬草除根」，視革命
爲洪水猛獸的柏克自然不會忘掉挖斷革命的思
想根源。他著重批判了以法國爲中心的「啓蒙
運動」帶來的反宗敎的理性主義。

啓蒙運動所要啓的蒙是歐洲中世紀（約公
元四至十四世紀）基督敎神學和經院哲學造成
的矇昧主義和反理性主義。中世紀的歐洲，是
基督敎的一統天下。宗敎與政治的聯姻導致了
宗敎的腐敗。同時，由於羅馬帝國滅亡時古希
臘羅馬的文化典籍幾乎悉數流失到東方的阿拉
伯世界，在四至十世紀，西歐的文化幾乎是一
片沙漠。由於這雙重原因，在相當長的一段時
間裏，歐洲的神學家們把信仰與理性完全對立
起來，片面強調信仰先於理性，高於理性。「正
因爲荒謬（按即無法用理性解釋），所以我才相
信」，「哲學是神學的婢女」，眞實地說出了當
時人們對信仰與理性關係的態度。

從八世紀起，古希臘羅馬典籍開始由東方
倒輸入西方。十一至十三世紀，亞里斯多德著
作的回歸導致了經院哲學的極盛。十四至十六
世紀，柏拉圖的再發現激發了以義大利佛羅倫
斯（即翡冷翠）爲中心的歐洲文藝復興。自此，

被稱爲黑暗時代的中世紀成了過去，歷史翻開
了新的一頁。在理性與信仰的關係問題上，理
性的地位得到了恢復，人們不再堅持信仰是唯
一的知識來源。這個時期盛行的是所謂「雙重
眞理論」，即認爲宗教與科學都是眞理，信仰與
理性同爲認識眞理的途徑。

　　到了啓蒙運動時代，人們不再滿足於讓理
性與信仰平起平坐了。如果說中世紀的矇昧否
定了古希臘的理性主義，現在，啓蒙運動要進
行否定之否定了。啓蒙思想家們主張，應當以
人本主義代替神本主義，用理性取代信仰，由
科學代替宗教。人們不再因爲信奉君權神授而
憚於質問和反抗現存的社會政治秩序，科學技
術在工業革命中顯示的巨大威力極大地鼓舞了
人們對理性之力量的信心。這兩個因素的結
合，產生了社會政治思想領域的激進主義。這
種激進主義在十八世紀的法國得到了最充分的
表現。

　　十八世紀的法國經濟遠遠落後於強鄰英
國，法國王室和貴族頑固地維護舊制度，不思
改革。這時，主張大力發展資本主義經濟，建
立議會民主政治的一批法國思想家，勇敢地提

出了要用理性重新估價現存一切事物的口號。
在他們看來，只有合乎人類理性的事物才有資
格存在，不管是什麼東西，只要它不能在理性
的審判臺前証明自己的存在合理，就無一例外
地應當滅亡。理性成了唯一的標準，凡是理性
要求的，都必然要建立起來。針對法國當時的
情況，啓蒙思想家指出，法國的舊制度(ancient
regime)不合乎人類理性，應該徹底廢除，而代
之以一個全新的共和制度。國王應廢除，貴族
當消滅，打倒宗教，推翻教會。法國王室宣稱
「君權神授」，「朕即國家」。啓蒙思想家則提
出「天賦人權」，人人生來自由平等，國家只不
過是自由人自願簽約的結果。有天賦權利的自
由人可以簽約，當然也就可以廢約。激進的思
想家指出，當今的政府腐敗無能，誤國害民，
重訂社會契約的時候已經到了。

　　然而，轟轟烈烈的法國大革命並未像思想
家們期待的那樣建立起一個完美合理的社會政
治制度。革命者砍掉了國王路易十六的頭顱，
並把一大批被他們視為社會蠹蟲的人送上了斷
頭臺，但革命並未因此而成功。以暴易暴的結
果是用雅各賓專政代替國王專政，以紅色恐怖

取代白色恐怖。理性的社會秩序卻未如希望的
那樣隨著革命的槍聲應運而生。

　　在柏克看來，法國革命宣告了理性主義的
失敗，理性主義雖然激發了革命，卻無法實現
自己的目標。這充分證明人們無法憑理性理解
社會政治生活，也根本不可能運用理性設計並
創造合理的社會政治秩序。柏克認爲，社會政
治生活是極爲複雜的，社會的種種制度並不像
理性主義者認爲的那樣僅僅是「有用的」，它們
的形成不僅有經濟的原因，還有宗教的和審美
的原因。在許多情況下，人們幾乎意識不到非
經濟動因的存在，但無知永遠不能成爲孟浪的
理由。面對未知的世界，合理的態度應是審愼。
柏克指出，法國的革命者認定君主制是「不合
理的」，但廢除君主制的結果卻只是爲軍事獨
裁掃淸了道路。法國人推翻了路易十六，繼之
而起的是更專制的拿破崙。不僅法國革命是這
樣，任何社會革命都將是這樣。原因就是革命
的對象往往是社會本質的表現，是無可改變的
人性的表現，所以革命是注定要失敗的。例如，
人們可能會認爲腐敗、剝削、不平等是「不合
理的」，應予革除，但在柏克看來，這些現象可

能正是社會本質的表現，人們或許可以想辦法緩解這些問題，但若想根除它們卻可能是痴心妄想。

深究一層，我們就會看到，柏克的這些比較具體的政治主張都是他的一些基本觀念的反映。概括起來，柏克的基本思想有以下四點：

第一，柏克堅信集體智慧高於個人的理性。傳統的社會政治制度等等都是集體智慧的結晶，是經過漫長歷史考驗的。激進的革命主張則一貫出於少數人的妄想。孰優孰劣，不言而喻。他認爲，宗教絕不像理性主義者攻擊的那樣是愚昧無知的結果，恰恰相反，宗教是人類智慧的最高體現，是人類社會不可或缺的。

第二，柏克認爲，人們平素大多詆毀偏見或成見，卻不知這些偏見或成見自有其道理，否則就不可能長久存在。他認爲，盲目批評成見，必導致過份相信理性，從而走向極端。所以，他寧可堅持偏見，不肯完全聽任靠不住的個人理性。

第三，柏克繼承了英國的經驗主義哲學傳統，極爲重視感覺經驗的價值，反對法國哲學家若內・笛卡兒 (Rene Descartes) 開創的歐洲

大陸理性主義傳統。他寫道：「建設、翻新或
改革國家的科學正像其他任何一門實驗科學一
樣，是不能先驗地講授的。在這門實踐科學中，
一時的經驗對我們沒有教益。」(1912，頁58)

　　第四，與自由主義者針鋒相對，柏克認為，
根本就沒有什麼天賦的自然權利。在他看來，
權力和權利都是社會傳統的產物，也應當隨著
傳統的延續而延續。生而有政治權力的人，應
克盡職守，善用手中的權力。生來不具有政治
權力的人，應當安份守己，不可以天賦人權的
說法自欺欺人。

第五節　保守主義的基本原則

　　西方的政治哲學家和學者們通常把柏克開
創的保守主義概括為三條基本原則：
　　第一條（也是最重要的）基本原則是懷疑
人性的可完善性和人類理性能力。保守主義認
為人性本惡，無法改造得完美；同時，他們懷
疑人能憑理性認識真理，因而反對人們在社會
活動中聽從理性的指導。

在西方，對人性的懷疑主要根源於猶太──基督教傳統。《舊約聖經》告訴我們，天地萬物和人都是由上帝創造的，上帝所創造的一切都美好，人是上帝按自己的形象創造，所以比起世間萬物更多一種恩賜，那就是有自由意志。但是人類的始祖亞當和夏娃抵擋不住邪惡的誘惑，濫用他們的自由意志，背棄神的教訓犯了罪，因此被神逐出伊甸園，在塵世間勞苦。由於始祖的罪，人類世世代代一生下來就帶著原罪（original sin）。不僅如此，《新約聖經》還告訴我們，人無法靠自己的力量克服這原罪，只有上帝才能救人脫離罪惡。上帝派了他的獨生子耶穌到世間，耶穌為拯救犯罪的世人受盡苦難，最後卻被不認罪的人釘死在十字架上。

一方面，人生而有罪，另一方面，人不能自救。這兩個信念在西方文化傳統中根深柢固，使人們對人性的惡和不可完善性深信不疑。保守主義從對人性的懷疑推出了兩條結論，第一，既然人性本惡，那麼社會就必須用種種制度抑制人作惡的慾望，否則社會就會瓦解，人與人就將生活在每個人對每個人的戰爭中；第二，既然人類不可能靠自己的力量克服

罪，當然也就不可能通過改變制度建立完美的
社會。基於這兩點，保守主義懷疑任何社會理
想主義，認為建設烏托邦的狂妄舉動必將破壞
自然的社會秩序。同時，傳統的制度能長期存
在，說明它們有效地制約了人類惡的天性，因
此，在我們沒有把握建立更有效的制度之前，
沒有理由改變它們。制度的不完善不足以成為
改變制度的理由，因為人性之惡決定了制度的
不可完善性。

　　宗教是歐洲懷疑主義的主要根源，但不是
唯一的根源。世俗的哲學思考同樣可以引導人
們得出懷疑主義的結論。世俗懷疑主義與宗教
懷疑主義的主要區別是更注重人類知識和理性
能力的有限性。例如，生活在十八世紀的英國
哲學家大衛‧休謨(David Hume)就透過分析
人類感覺的不可靠性得出了懷疑主義的結論。
由此，以懷疑主義為論據的保守主義也就有了
宗教的和世俗的分別。如果說柏克的保守主義
的特點是重視傳統，維護宗教，那麼以法國哲
學家蒙田(Montaigne)和英國哲學家大衛‧休
謨為代表的保守主義，則是世俗的甚至是反宗
教的。世俗保守主義的主要論點是，人的認識

能力是有限的，理性無法把握真實的外在世界，甚至無法肯定是否有一個客觀的、不依賴人的感覺和認識而存在的外在世界。在社會政治生活中，人們在大多數情況下不知道自己的行動究竟會引起什麼樣的後果，而且永遠不可能知道。人有趨利避害的本能，在一般情況下，嘗試新的未知的東西意味著要冒較大的風險，因此，明智的選擇應當是盡量保守經前人嘗試証明行之有效的作法和程序，不奢言變革和更新。此外，由於人類不可能突破自己的認識能力的界限，所以，指望依賴有限的理性能力從根本上改造社會，建立完美無缺的社會制度，只能是不切實際的空想。如果看不到這一點，頭腦發熱，一意孤行，就勢必造成災難性的後果。

　　值得一提的是，在對人性和人的理性能力的懷疑方面，保守主義與自由主義是相通的。我們在前面講過，自由主義之所以反對建立強大的國家機器，反對政府干預個人的經濟活動，理由也是不相信他人能代替自己思考，不相信人的理性能制定出對人人都有利的政策。在這一點上，二者的區別在於保守主義的懷疑

主義更加徹底，它不僅懷疑國家的權力，也懷
疑自由市場經濟體制。在保守主義者看來，市
場經濟也是不合傳統的理性創造，所以實行自
由放任的市場經濟在本質上與政府干預經濟沒
有區別，二者都是以政治理性主義為基礎的。
當然，保守主義者並不是無原則地反對市場和
個人選擇，它強調的是不應當把傳統的社會制
度一古腦推翻，用市場機制全盤取代。

　　保守主義的第二條基本原則是傳統主義。
顧名思義，傳統主義就是唯傳統為上，強調傳
統的價值。這裏所說的傳統，主要是指在漫長
的社會演進過程中逐漸形成，並因行之有效而
延續至今的種種社會、經濟、文化、政治制度。
制度一詞涵括的範圍極大，制約人與人之間的
交往方式的一切規則規範都是制度。按照一種
定義，所謂制度就是社會的博奕規則，是人制
定出來的塑造人之互動的約制。憲法法律、風
俗習慣、道德規範、合同定約，都是制度。革
命家們最不耐煩循規蹈距，他們熱衷的是轟轟
烈烈地砸爛舊世界，熱火朝天地建設新世界。
傳統主義者承認，傳統的制度可能不是完善
的，但它們都是智慧與經驗積累的結果。凡是

仍在發揮積極作用的制度，都值得保存。如果
必須改變制度，那麼一定要謹愼小心，不可匆
忙草率。

　　保守主義的第三條基本原則是社會有機主
義，即把社會看成是一個有生命的整體。社會
不是一台機器，組成社會的成員不是可以獨立
存在的機器零件。相反，社會是一個活的有機
體，它的各個部分是相互依存的。社會有機主
義最常用的一個類比就是把社會比作人體。人
體的各個器官都只在相互依賴的整體中才能存
在並發揮其功能，在這裏，離開了整體就意味
著喪失了生命。正如黑格爾說的，一隻離開人
體的手就不再是一隻手了。既然社會是這樣一
個有機體，那麼社會的各個組成部分就應清楚
地知道彼此之間的相互依存。窮人當尊敬富
人，富人則有義務照顧窮人。任何社會團體都
不該被忽視，否則就可能成爲社會的癰疽。對
待社會的病症，自然也不可輕舉妄動。劇烈的
社會變革常常是失敗的，從長遠看，它們造成
的問題往往比它們解決的問題還要多。我們無
法簡單地更換人的器官，但是很容易認爲可以
輕而易舉地改變社會的制度，結果常常就是濫

開虎狼方。社會有機主義告訴我們，這種想法是錯誤的，更是有害的。

把以上三條原則用於政治分析，保守主義得出了以下兩點主要結論：第一，必須建立政治權力制約個人；第二，必須保障個人的自由與權利以限制政府。人本身不完美，也不可能變得完美。人性的惡決定我們不可能創造出一個完美的社會。因此，政治權力是必要的，建立政府的目的就在於抑制人性中最壞的因素，用法律、警察和其他強力手段保證人們在行爲上對他人和社會負責。政府必須有足夠的權威履行這一職能，但它的權威也必須局限於此。限制政治權力的理由也是建立在人性本惡這一信條之上，英國貴族阿克頓勳爵（Lord Acton）有句名言：「一切權力都會腐敗，絕對的權力絕對地腐敗。」與自由主義相比，保守主義更注重個人的惡，因而傾向於用傳統的、社會的，乃至政府的力量對個人的作惡傾向加以限制。相反，自由主義雖然也主張限制政治權力，但其出發點是爲了有效地保障公民的基本自由和權利。可以說，自由主義對個人的擔心小於保守主義。政治保守主義最關心的問題是如何抑

制個人的惡，而自由主義最關心的則是怎樣抑制政府的惡。

應當指出，人性本惡原則不是保守主義固有的。在中國，儒家通常被認為是保守的，但儒家同時也主張人性本善。可以說，儒家的保守主義正是建立在性善論的基礎上。孔夫子一生教導人們要克己復禮，復禮是要恢復業已式微的周朝禮制，克己的要求預先假定了人之慾是可以克制的，只要教導有方，人皆可成聖賢。

第六節　保守主義不是什麼？

以上五節大體上回答了保守主義是什麼。一般來說，說明了一個事物是什麼，同時也就說明了它不是什麼。在這個意義上，我們可以簡單地斷言，凡不符合上述界定的都不是保守主義。但是，這樣做還不能使我們避免幾個常見的錯誤，希望下面的討論有助於澄清幾種常見的誤解。

首先，保守主義不是復古主義。保守主義注重傳統，但並不因此主張復古。保守主義的

厚古，主要是出於對傳統的歷史根源的尊重；換言之，保守主義注重的是活的傳統，而不是過去的一切。復古主義的特點是要使歷史的車輪倒轉，讓已死的東西復生。這二者之間的區別是重要的，但並不總是那麼明顯。其原因是，在社會政治生活中，制度的生與死並不總是截然分明，有時，看似滅亡了的制度事實上並未滅亡。因此，我們一方面需要記住保守主義不同於復古主義，同時也要記得這二者之間的區別往往是程度上的，而不是原則上的。要分辨一種主張是保守主義還是復古主義，一個簡單的方法是看它是否從根本上消極地否定現狀。

第二，保守主義不等於反動，也不一定消極無爲。保守主義反對在社會政治生活中輕舉妄動，但並非不分青紅皀白地反對一切變化。人性本是惡的，無法指望它變好，任何試圖從根本上改變人性的努力都注定要失敗。但由此並不能推出人在處理社會政治問題方面無所作爲。保守主義相信改良，相信通過謹慎的努力可以把世界改造得更好。所以，保守不一定消極悲觀，不一定憤世疾俗，怨天尤人。有的學者認爲，保守主義必然悲觀，事實上並非如此。

　　最後，保守主義不等於右傾。左派右派之
分在不同的社會中乃至在同一社會的不同時期
具有不同的含義。從綱領上看，實在難說各種
各樣的左派和右派之間有什麼共同之處。比如
說，在不同的國家和同一國家的不同歷史時
期，右派可以指主張自由放任的市場經濟的自
由主義者、反共份子、保皇黨、權威主義者、
法西斯主義者等等。這一切與保守主義都沒有
必然的關係。保守主義的特點是反對激烈地改
變社會政治制度，不論主張變革的是共產黨還
是法西斯。

第二章
美國的自由主義傳統
和美國的保守主義

　　作爲一種處世風格，保守主義存在於每一個社會中，表現在社會生活的每一個方面。因而，世間就有了形形色色的保守主義，如政治保守主義、經濟保守主義、文化保守主義、宗教保守主義等等。簡言之，凡是劇烈變化被列入議程的地方，我們都可以聽到保守主義的聲音。在不同的社會環境下，保守主義的具體內容也是不同的，甚至可能是完全相反的。比如，一個共產主義國家的保守主義者與一個資本主義國家的保守主義者在具體主張上就往往是針鋒相對的。我們在這本書裏要著重討論二十世紀六十年代產生於美國的新保守主義，您馬上就會看到，就在人們常說的英美文化傳統中，保守主義的意思也是差不多完全相反的。要瞭

解這到底是怎麼回事，請您耐心往下看。

第一節　美國的自由主義傳統

　　美國是一個以自由主義爲立國之本的國家，它的特殊歷史造就了特殊的文化傳統。在這一特殊的文化傳統下，從歐洲傳來的自由主義和保守主義這兩個術語漸漸地失去了它們本來的含義，最後走到了各自的對立面。

　　我們知道，美國在獨立戰爭前是英國的殖民地，在政治文化上與英國是血肉相連的。美國開國先賢發動獨立戰爭的依據也正是英國哲學家洛克的天賦人權說和直接導致英國光榮革命的「沒有政治代議權，就沒有納稅的義務」的口號。不少人稱美國是洛克的國家，意即美國最忠實地實踐了洛克闡發的自由主義原則。例如，洛克認爲人人生而擁有三種基本的自然權利，即生存權、自由和財產權。傑佛遜在美國的〈獨立宣言〉中幾乎原封不動地引用了洛克的話，他說，人人生而平等，每個人都有三種不可讓渡的自然權力，即生存權、自由和追

求幸福的權利。美國是一個由歐洲移民組建的
國家，沒有封建歷史，而且其人口的大多數是
因為覺得在歐洲受政治迫害才遠渡重洋移居美
國。這一切，都使美國人篤信自由主義，反對
建立強大的政府機構。由於這個原因，美國的
開國先賢起初甚至不肯設立專門的行政機構。
到一七八九年，他們認識到行政機構是必要
的，但這並不意味著他們放鬆了對政治權力的
警惕。為了防止行政機關的權力過份膨脹，美
國的制憲諸公設計了一套精密的政治制衡制
度，把立法、行政和司法三權分開，使之相互
制約。同時，又在「人權法案」(Bill of Rights)
中以立法形式把個人應有的權利固定下來，使
政府難以用行政命令隨意限制公民的自由。

　　美國人這種懷疑政府與政治權力的傳統源
遠流長，在相當大的程度上決定了美國政治的
發展。比如，與同期的歐洲國家相比，二十世
紀美國政治的一大特點就是美國從來沒有實力
強大的社會主義政黨，也沒有聲勢浩大的勞工
運動。這一特點與美國的自由主義傳統是分不
開的。我們這樣說的理由是，社會主義運動的
主要內容之一就是擴大國家的權力，因為社會

主義的目標只能靠強大的政府去實現，而這與美國反對擴張國家權力的自由主義傳統是不相容的。所以，社會主義學說即使在美國工人階級中也沒有很大的號召力。美國不是沒有左派，但這些左派也一樣奉行反國家主義。

　　但是，經歷了一九二九年的大蕭條和兩次世界大戰，美國人對國家的態度發生了劇烈的轉變。一方面，大蕭條讓人們看到了自由放任的資本主義可能造成的惡果，另一方面，羅斯福總統新政的成功在相當大的程度上緩和了人們對政府權力的疑慮。羅斯福政府不僅有效地防止了迫在眉睫的嚴重政治危機，而且還為日後的經濟復甦打下了極好的基礎。此外，美國政府在抵抗法西斯的戰爭中表現出的巨大動員力，也給人們留下了極為深刻的印象。由於這些原因，第二次世界大戰結束後，美國人已經不再爭論聯邦政府是否可以在社會經濟生活中發揮作用，因為這早已成了無法否認的事實了。但是，即使羅斯福總統也從來沒有想讓國家包攬一切，他在設計新政時斷然拒絕了主張把經濟國有化的建議。新政的成功也沒有從根本上消除人們的反國家主義傾向。主張自由放

任和個人主義的古典自由主義對美國的右翼勢
力一直保持著強大的影響力，並且在第二次世
界大戰後不久就重新成爲美國公眾的思想主
流。從一九五二年到一九九二年的十一次總統
選舉中，代表右翼勢力和古典自由主義的美國
保守黨（共和黨）贏了七次。

第二節　自由主義與保守主義
　　　在美國互易其義

　　美國獨特的歷史和獨特的文化背景給研究
美國政治思想的人帶來了不少麻煩。最突出的
一個問題就是，人們經常使用的保守主義和自
由主義這兩個政治術語，在歐洲是一個意思，
一到美國就變成了不同的甚至相反的意思。在
美國這個以英國古典自由主義原則立國的國家
中，人們自然而然地信奉自由主義，人人都稱
自己是自由主義者。政治著作家威爾斯（H. G.
Wells）、路易斯‧哈茨（Louis Hartz）、喬治‧
格蘭特（George Grant）、馬克斯‧巴洛（Max
Balogh）都曾強調指出，美國沒有保守主義
者，它的所有公民都是十八、十九世紀意義上

的自由主義者。自由主義成了生活的常規，也就失去了特點。漸漸地，隨著社會中出現非主流的思潮，例如政治上的社會主義，經濟上主張政府干預經濟的凱恩斯主義，社會生活領域中主張由政府提供社會福利和社會保障的社會民主主義，自由主義就被用來指這些激進的左傾的思想，從而獲得了新的意義。與此相對應，那些堅持古典自由主義的基本思想的「貨真價實」的自由主義者，卻變成了保守主義者。結果就造成了這樣一種怪異的現象，在歐洲，一提到自由主義，人們馬上會聯想到個人主義、自由放任、限制政府權力等等。而在美國，自由主義指的恰恰是在歐洲被稱為保守主義的觀念，例如政府干預主義、均權主義、社會福利主義等等。為了解決這一用詞上的困難，政治著作家們不得不隨時提醒讀者他們究竟是在講歐洲的自由主義或保守主義，還是在講美國的自由主義或保守主義。

在本書中，我們在第一章討論的是歐洲的自由主義和保守主義，從這一章開始，我們主要是談論美國的自由主義和保守主義。

您也許會說，變來變去的，這麼做多麻煩

呀，把詞義統一起來不是更簡便嗎？事實上，
不僅您這麼想，許多人包括作者也巴不得有一
個權威站出來把人們對語言的誤用一一糾正過
來，以正視聽。被冤枉地稱爲保守主義者的人
們也有心改變這種名不正言不順的狀態。但
是，畢竟形勢比人強，一種稱呼一旦流行，便
很難改變。我們平時愛說某種東西是謬種流
傳，事實上謬種似乎也眞的比較容易流傳。語
言哲學家們的研究結論更令人掃興，當代以奧
地利哲學家路德維希・維根斯坦(Ludwig
Wittgenstein)爲主要代表的日常語言哲學告
訴我們，語言本質上就有模糊性，語言的意義
取決於人們對語言的使用，取決於人們在什麼
樣的語言遊戲中使用。按著這種觀點，我們就
不能說美國人對自由主義、保守主義這兩個詞
的用法是錯的，因爲美國人自己明白它們指的
是什麼，不會因爲用這兩個詞造成交流上的困
難。我們在本書中採取一種折衷的辦法，一方
面盡量正本清源，還歷史原本的眞實面目，另
一方面又不越俎代庖。否則，正像我們馬上就
要看到的，本書的標題就得改成《新自由主義》
了。

　　話說回來，我們在引論中也講過，保守主
義本不計較條條框框，它原本是一種處世的態
度，其要旨在尊重現實和傳統，不輕言變化。
如果我們把美國開國後的政治和社會秩序視爲
起點，單看人們對待美國社會政治傳統的態
度。那麼，把美國建國一百多年後的那些傳統
主義者稱爲保守主義者，也沒有什麼不合適。
在這裏，需要特別提醒讀者注意的只有一點，
那就是不能脫離具體的社會歷史環境，抽象地
談論自由主義和保守主義，同樣的名稱在不同
的背景下可能指完全相反的東西。

　　一個突出的例子是西方資本主義國家的社
會福利政策。大家知道，在歐洲，最早倡導福
利國家的是以英國政治家狄斯雷利（Disraeli）
和有「鐵血宰相」之稱的普魯士政治家俾斯麥
（Bismarck）爲首的政治保守主義者。這些人不
贊成古典自由主義提倡的那種資本主義，認爲
應當保存歐洲封建時代莊園地主保護農奴的傳
統。因此，他們認爲應當由國家出面保護工人
階級基本的生存權利，不能聽任資本家隨意剝
削工人。讀過馬克思《資本論》和恩格斯
（Engels）《英國工人階級狀況》的人都會記得，

這兩本書都引証了大量英國官方的調查材料，說明資本家如何殘酷地對待工人。進行這些調查工作的就是英國的保守主義者托利黨人（Tories），他們像馬克思、恩格斯一樣憎恨殘酷剝削、壓迫工人的資本家，因爲他們認爲雇主理應保護其雇員，否則必會危害整個社會機體的健康乃至生存。

　　相反，在美國，首倡福利國家實行「新政」的羅斯福總統則是美國意義上的自由主義者。新政的理論根據就是歐洲保守主義對市場的批評。「大蕭條」告訴人們，僅僅依靠市場經濟是不夠的，市場體系可以刺激人們追求財富，從而促進經濟的發展。但市場並不能保証使人們在行動中自覺地向社會負責。例如，在市場體制下，誰也不能要求資本家爲了維護社會穩定而不解僱工人。但另一方面，大量工人失業勢必造成嚴重的社會危機和政治危機。羅斯福新政的新穎之處就是打破古典自由主義的框框，擴大政府在社會經濟生活中的作用。一方面由國家對經濟活動進行干預，避免大規模的經濟危機，另一方面由國家利用稅收爲每一個社會成員提供最基本的社會保障，避免社會矛盾的

表一　自由主義和保守主義在重大問題上不同的著重點和價值取向

問題	自由主義	保守主義
1. 政府		
主要關心	個人	社團
比較喜歡	聯邦政府	地方政府
價值取向	國際主義	民族主義
影響方式	直接	間接
對誰負責	人	神
變化速度	快	慢
變化的類型	烏托邦	對症下藥
何者更重要	平等	自由
如何實現正義	政府改革	精神更生
2. 經濟		
權威來源	中央政府	市場
增長部門	公共	私人
政府角色	干預	放任競爭
傾向	社會主義	資本主義
3. 文化與宗教價值		
知識來源	理性	自然／聖經
聖經解釋	重象徵意義	重字面意義
道德標準	相對／隨機	絕對／正統
比較強調	人	神
道德重心	社會	個人
何者對人更重要	權利	責任
邪惡之根源	不公正社會制度	原罪

來源：鄧恩與伍達德，1991，頁 32。

激化。羅斯福的新政在當時就被視爲自由主義
的或社會自由主義的，並受到了堅持古典自由
主義原則的最高法院的阻撓。

　　爲了幫助您記憶，也方便您隨時查看，我
把美國學者查爾斯·鄧恩(Charles W. Dunn)
和大衛·伍達德(J. David Woodard)在《從柏
克到布希的美國保守主義引論》(*American
Conservatism From Burke to Bush: An
Introduction*)中列的一個對照表移植在這裏，
您可以很方便地看出美國的自由主義和保守主
義在一些重大問題上的分歧。

第三節　美國的保守主義

　　美國的保守主義與歐洲保守主義有兩個共
同的基本點，一是尊重傳統，二是對激進的社
會改革持懷疑態度。除此之外，二者在許多重
大問題上的看法都是有差異的，甚至是完全對
立的。比如，歐洲的保守主義反對一切教條，
主張在一切事情上都必須依據實際和傳統便宜
行事。美國的保守主義則十分堅定地維護一些

原則，例如個人主義、財產私有、自由放任的
市場經濟、最低程度的政府干預等等。在歐洲，
這些原則被認爲是古典自由主義的原則。

　　歐美保守主義在具體主張上的基本差異緣
起於它們各自的政治歷史背景。我們在前面已
經看到，歐洲的保守主義是針對法國革命後出
現的自由主義和民主主義思潮而產生的。而美
國的第一批保守主義者卻是支持或同情美國革
命的社會上層人物，其中不少人是美國的開國
元勳。他們旣不忠於英國王室，本身也不是英
國貴族。在政治上，他們傾向華盛頓和漢米爾
頓（Hamilton）主張的共和政治，不喜歡傑佛遜
等人提倡的平民民主。不過，總的說來，這些
人的保守主義仍屬於自發的，他們沒有形成系
統的保守主義理論。

　　一般認爲，最早在美國系統地闡發保守主
義理論的是政治哲學家羅素・科克（Russell
Kirk）。科克在一九五三年發表的《保守的心
靈》（*The Conservative Mind*）把柏克的思想
介紹給美國政治思想界，並確立了一系列保守
主義的原則。這裏需要注意的是，科克的思想
深受柏克影響，因此他的保守主義基本上是歐

洲的，與美國本土自發的保守主義並不十分吻
合。例如，柏克的保守主義認為僅靠自由市場
在政治上行不通，但柏克也不贊成建立龐大的
政府。與此相似，科克既反對工業主義和極端
的自由放任主義，同時也反對擴大聯邦政府的
權力。他並不簡單地反對經濟自由，但是主張
應當把經濟自由納入憲法的軌道中，把著重點
放在經濟自由的精神價值和文化價值上，而不
是放在賺錢上。美國的自由主義者為了加速社
會改革，主張擴大聯邦政府的權力，減少最高
法院對政府行動的掣肘。科克則認為美國憲法
規定的政治制衡和法治原則是完美的，不能動
搖。

　　不過，總體說來，由於科克的保守主義理
論過於陳舊，其強烈的歐洲色彩與美國人的價
值觀念又多有抵觸，所以，他的理論並未造成
很大的社會影響。但是，繼他之後不久，美國
就出現了影響巨大的新保守主義。

第三章
新保守主義產生的歷史
背景和思想淵源

　　翻開中外政治思想史，我們可以看到一個普遍的現象，一種重大的社會政治理論的出現，差不多總是以嚴重的社會政治危機爲背景的。在社會發生大動盪之前、之間和之後，舊的理論學說、價值觀念不再能解釋新的社會現象。這時，勇於創新的思想家會對社會問題提出新的解釋，這解釋可能是完全獨創的，也可能是對過去某一理論或學說的修正和發揮。下面我們將看到，新保守主義就是復興傳統的理論解釋新社會現象的產物。

第一節　什麼是新保守主義？

　　跟傳統保守主義一樣，新保守主義並不是一個邏輯嚴密的理論體系，而是對當代政治（尤其是六〇年代美國政治）的反應。新保守主義代表人物大多是文化界的名流，有著名學者，也有著名報人，更有不少著名的社會科學家。最著名的代表人物有伊爾文・克里斯托（Irving Kristol）、諾曼・帕霍雷茨（Norman Podhoretz）、丹尼爾・帕特里克・莫尼漢（Daniel Patrick　Moynihan）、珍妮・科克帕特里克（Jeane　Kirkpatrick）及其夫婿伊福朗（Evron）、內森・格雷澤（Nathan Glazer）、丹尼爾・貝爾（Daniel Bell）、塞默爾・馬丁・李普塞特（Seymour Martin Lipset）、邁克・諾瓦克（Michael　Novak）、本・瓦騰堡（Ben Wattenberg）、詹姆士・威爾遜（James Q. Wilson）、亞倫・維達夫斯基（Aaron Wildavsky）、艾略特・亞伯蘭斯（Elliot Abrams）、彼得・柏格（Peter Berger）、威廉・

本尼特（William　Bennett）、米之・德克特
（Midge Decter）、哥楚德・希默法伯（Gertrude
Himmelfarb）、愛德華・班菲爾德（Edward
Banfield）、薩穆爾・杭廷頓（Samuel　P.
Huntington）。其中不少人是猶太人，並曾加入
美國民主黨。由於這些思想家關係密切，又大
多居住在紐約，所以有時也被稱為紐約知識份
子（New　York　Intellectuals）或紐約集團
（New York Group）。也有人因為新保守主義
者多為著名知識份子而稱其為知識份子黨。

　　新保守主義指的就是以這些著名知識份子
為代表的一種社會政治思潮。

　　但是，要用一兩句話給新保守主義下個定
義卻是非常困難的。在這裏，我們暫且不談新
保守主義究竟有哪些主要觀點，先採用哲學家
們所謂的外延定義，把新保守主義簡單地定義
為新保守主義者們的思想觀點。至於新保守主
義的內涵，我們先從新保守主義的產生過程講
起。

第二節　新保守主義的產生及其歷史背景

　　我們在上一章看到，一九三〇年代前，在美國的社會政治實踐中佔主導地位的，一直是美國的保守主義或英國的古典自由主義，羅斯福新政的成功也未能從根本上改變人們對政府的態度。但是，我們所說的主流是就美國民眾而言的，美國的學術界或知識界是一個明顯的例外。知識份子對社會中存在的種種問題最為敏感，在尋求解決問題的途徑時也最富有想像力和創造力。政治學家理查德・霍夫斯塔特(Richard Hofstadter)認為，早在十九世紀末，反對單純追求物質財富，主張縮小貧富差距、提供社會保障、保護生態環境的自由主義或左傾思想，就成了美國知識界的主導思想。越來越多的美國知識份子開始認識到資本主義制度的敝端，其中不少人開始傾向社會主義或社會民主主義，成了美國意義上的自由主義者。美國知識份子的這一自由主義傾向在二十世紀得到了進一步的加強。

一九二九年發生的大蕭條曾把不少美國知識份子推到了支持共產主義的極左立場。在一九三二年的總統競選期間，四百名美國作家、藝術家和學者（其中不乏傑出人士）聯名發表宣言，支持美國共產黨的總統和副總統候選人福斯特(Foster)和福特(Ford)。

但是，由於缺乏廣泛的民眾支持，美國共產黨從來沒有成為有影響的大黨，其他傾向社會主義的小政黨也沒有機會為自己造成聲勢。所以，美國的自由主義與現實政治基本上是脫節的。這種脫節現象造成兩個後果，一方面，美國的自由主義沒有因為要應付政治實踐而不得不生的實用主義雜質，所以，美國的左派知識份子在意識形態上相對單純，包容性較小。另一方面，由於長期得不到把自己的政治見解付諸實踐的機會，使得美國的自由主義者格外渴望有一天能在現實政治中一展抱負。

一九五〇年代，西方經濟達到了空前的繁榮，社會政治方面也是一片歌舞昇平的景象。在這個特定的歷史時刻，美國知識份子的自由主義傾向也達到了頂點。不少社會科學家和哲學家認為意識形態領域的衝突已趨式微，自由

主義已經獲得了決定性的勝利，他們宣稱意識
形態的末日已經到來。一九五〇年，美國作家
萊因尼爾‧崔靈(Lionel Trilling)高興地宣告
了保守主義的滅亡，他在《自由主義的想像》
(*The Liberal Imagination*)中寫道：「如今自
由主義不僅佔統治地位，它成了唯一的思想傳
統。現在沒有普遍流行的保守思想，這是一個
顯而易見的事實。」(1950，頁ix)這些自由主義
者認爲，社會科學家和政治思想家再也不必爲
左右派的意識形態之爭虛耗精力了，學者的使
命已經轉變爲尋找解決具體問題的途徑。

　　一九六〇年，美國的自由主義者們似乎終
於等到了影響現實政治的機會。是年，銳意進
取的美國民主黨候選人約翰‧甘迺迪(John
Kennedy)在大選中以微弱優勢擊敗了前任共
和黨政府的副總統理查德‧尼克森，當選美國
總統。新政府表示樂意聽取專家學者對政策的
建議，歡迎社會科學家爲建設美國獻計獻策。
美國知識份子本來就是民主黨的支持者，新政
府的姿態愈發鼓舞了他們的參政議政熱情。在
這種形勢下，後來成爲新保守主義中堅人物的
著名政治思想家爾文‧克里斯托和丹尼爾‧貝

爾感到有必要創辦一個雜誌，爲社會科學家們提供一個論壇，讓他們把科學知識轉化成政治家能夠理解和運用的政策建議。出於這個動機，他們於一九六五年創辦了《公共利益》(The Public Interest)雜誌。這份旨在溝通社會科學研究與政治實踐的刊物吸引了大量知識份子，更發揮了開風氣的作用。社會科學家們各顯其能，透過著書、辦雜誌、撰寫普及和宣傳性的小冊子、在報紙上發表評論等方式暢所欲言，各抒己見。一時間，美國知識界充滿樂觀的議論，他們對社會科學知識的可靠性和有用性深信不疑，對政府的能力同樣深信不疑，認爲只要政府認眞聽取社會科學家們的建議，把兩股力量結合起來，就一定可以制定出正確的政策，全面地從根本上解決美國的各種社會政治問題。

　　然而，時隔不久，無情的現實就打破了美國知識界的幻想。儘管當時美國政府不乏聽取學者意見的誠意，學者們也盡心盡力地爲政府出謀獻策，美國政府在國內和國際舞臺上還是遭到了相當嚴重的挫敗。最爲突出的有兩樁事件，一是以「大社會」(the Great Society)計

劃爲代表的社會改良政策的失敗，二是美國陷
入越南戰爭的泥沼而無以自拔。

　　美國政府的「大社會」計劃的宗旨是向貧
窮開戰。這項宏大的計劃由甘迺迪總統首倡，
在林登・詹森(Lyndon Johnson)執政期間正
式付諸實施。然而，數年過去了，儘管政府投
入了大量人力物力，採取了各種各樣的措施，
這項直接仿效羅斯福「新政」設計的龐大計劃
並未取得預期的效果，令人大失所望。不少評
論家認爲這項計劃十足地是一場災難。

　　「大社會」計劃的理論基礎是美國的自由
主義，結果是「花錢甚多，收效甚小」，自由主
義自然難逃其咎。面對洶湧而來的批評，美國
的自由主義陣營發生了分裂。一些人堅持其自
由主義立場，把「大社會」計劃的失敗歸咎於
政府投入的不足和政治制度的掣肘。這些人進
而對美國的政治制度發生了疑問。他們認爲，
美國政府不能代表美國民衆的利益，其制衡制
度只能發揮保護既得利益、挫折社會改革的消
極作用。這些人後來成了所謂的「新左派」。

　　與「新左派」相反，另外一些自由主義者
從「大社會」計劃的失敗得到的是自我反省，

他們承認，實施「大社會」計劃是自由主義理論的一次大實踐，它的失敗真切地暴露了自由主義理論的問題和不足。具體說來，「大社會」計劃之所以失敗，原因之一是該項計劃依據的對社會狀況的分析有誤，原因之二是制定這項計劃的人過分相信政府行動的效力。前者證明自由主義者高估了社會科學知識的可靠性和有用性，高估了社會科學的認識能力，或者說低估了社會現象的複雜性；後者則表明自由主義者對政府效率與能力的估計是不合乎實際的。

透過與現實政治接觸，學者們失望地發現，政治遠遠不像他們預想的那麼簡單。他們注意到，社會科學家提出的政策建議時常與其他合法的利益發生衝突，以致難以成為政策。不僅如此，即使一項建議獲得政府採納，也很可能因為觸犯官僚及其同盟者的利益而無法貫徹實施。曾在甘迺迪政府和詹森政府任職的格雷澤和莫尼漢，都經歷過這樣的挫折。失敗和挫折磨鈍了他們的鋒芒，也把他們對科學和政府之力量的信心變成了審慎的懷疑。這後一派自由主義者最終轉向了新保守主義。

　　「大社會」計劃的失敗埋下了自由主義陣

營分裂的火種，越南戰爭引發的反戰運動和六
○年代後期風起雲湧的民權運動，則無異於在
這火種上澆了一桶油。曠日持久的越戰給美國
造成了人力與物力的巨大損失，更爲嚴重的
是，政府爲繼續其戰爭政策，不顧民主政治的
基本原則，向美國公衆謊報軍情。後來，一位
不滿此舉的政府官員向新聞界披露了實情，輿
論大嘩，致使詹森失去了競選連任的勇氣。凡
此種種，無不嚴重動搖了美國民衆（尤其是青
年學生）對政府乃至對民主制度的信心。「失掉
天眞」（the loss of innocence）的青年學生用
造反回答時代給他們帶來的問題和困惑。他們
藐視權威和傳統，不少人放縱情慾，吸毒墮落，
崇尚暴力，甚至肆行破壞。大學再也不是遠離
社會的清靜場所了。大學生的反戰示威把警察
引入了校園，學生與警察的衝突屢有發生，最
後並導致了嚴重的流血事件。

　　怎樣看待美國遇到的政治危機？怎樣解釋
美國人民（尤其是青年學生）因爲政府的失敗
和失信而產生的對美國政治制度的信心危機？
是與他們一起對美國政府直至美國的政治制度
和政治文化傳統口誅筆伐、大舉進攻，還是冷

靜地分析政府行動的長短得失，勸導青年不可
因一時的失敗而動搖對美國政治制度和自由主
義文化傳統的信心？在這一系列問題上，美國
知識界作出了大相逕庭的回答。原有的自由主
義陣營終於走向了公開的分裂。

　　兩派自由主義學者的第一個分歧點是如何
看待席捲美國大學校園的反戰運動。激進派支
持學生運動，甚至親自參與和鼓動學生造政府
的反，造權威的反，造傳統的反，甚至造文化
的反。持重派則認為，大學是自由學術活動的
中心，以理性和辯論為行動指南，在社會上享
有高度的獨立性。而流行於青年學生中的非道
德主義、馬克思主義，以及各式各樣的陰謀理
論，無一不與大學的理性精神背道而馳。在這
種情況下，信奉自由主義的學者應該站出來維
護傳統的辦學觀念，反對過激主義。克里斯托、
貝爾和格雷澤都積極參與了對大學生造反運動
的批評。這些人與大學原有的保守主義學者結
成了聯盟。

　　兩派分歧的第二個也是最根本的分歧點，
是如何看待美國社會、美國政府、美國的政治
制度、文化傳統，以及如何回答美國社會應往

何處去這個大問題。新左派對美國社會採取了一種全盤否定的態度。在他們眼裏，美國社會充斥著醜惡和犯罪，政治腐敗，種族主義橫行，法西斯主義陰魂不散，政府窮兵黷武，對人民實行高壓政策，所謂的多元主義民主只擅長保護統治階級的既得利益，互相牽制的政治制衡制度使革新派步履維艱，總之，一切都壞到了不可救藥的地步。他們認爲，要拯救病入膏肓的美國社會，唯一的方法就是廢除資本主義制度，代之以社會主義，廢除形式主義的間接的代議制民主，建立實質的直接民主。

相反，持重派覺得無法贊同也無法容忍激進派對美國社會的全盤否定。他們堅決反對共產主義，反對史達林主義。他們認爲，新左派實際上已經有了親共產主義的傾向。他們公開站出來批評新左派的觀點，反對新左派對學生的過激行動和共產主義傾向的縱容和支持。他們珍視民主，認爲民主並不僅是實現某種目的的手段，民主本身就是目的。因此，他們堅決反對新左派對美國民主制度的攻擊。

在反對新左派方面，特別值得一提的是帕霍雷茨和莫尼漢。帕霍雷茨表示無法同意「美

國社會已經腐敗到不可救藥的地步」(1967，頁
316)。他在由他主編的《評論》(Commentary)
雜誌上，開宗明義地宣布他堅決反對「任何相
信我們的社會已經病入膏肓的人」，反對所有
的過激思想，比如規定雇員配額、反文化、新
左派、新政治、新階級等等。莫尼漢在一次演
講中更是公開呼籲自由主義者與保守主義者聯
合起來反擊新左派的進攻。莫尼漢說道：「自
由主義者必須更加清楚地明白，他們的根本利
益是維護社會秩序的穩定。面對當前對穩定的
種種威脅，他們必須主動與利益相同的政治保
守派結成強有力的聯盟。」(莫尼漢，1975)

　　發生在自由主義陣營內的這些論戰最後導
致了它的分裂和新保守主義的誕生。我們在本
節的開頭提到過，由於美國的自由主義沒有應
付政治實踐的必要，較少實用主義雜質，所以，
美國的左派知識份子在意識形態上相對較為單
純，包容性較小。現在，信奉自由主義的知識
界內部發生了明顯的意見分歧，包容性小的缺
點就暴露出來了。終於有一天，激進的自由主
義新左派覺得無法再與嚴肅批評他們的自由主
義者共舉自由主義這面旗幟，他們的領袖人物

邁克·哈靈頓(Michael Harrington)爲他們從
前的戰友、現在的論敵想出了一個新的名號：
「新保守主義」，從而有意地把有意見分歧的
戰友推向了敵方。哈靈頓製造這一新名詞的目
的是想搞壞對手的名譽，他說，那些與他和他
的追隨者唱反調的所謂自由主義者，事實上已
經成了新保守主義者，因爲他們實質上是保守
的，而且已經與保守主義運動結成了聯盟，甚
至已經公開加入了保守主義陣營。

　　給自己不喜歡的人取一個內含貶義的綽號
是鄉農野老也擅長的攻擊手段。在政治領域和
政治思想領域中更是古今中外屢試不爽的有力
武器。西方人把這種作法叫做貼標籤，中國人
更爲生動地稱之爲扣帽子。標籤也好，帽子也
好，功用相同，發揮功用的途徑也一樣。以世
界之大，個人知識能力之小，無論何時何地，
大抵是眞正識貨的少，認眞思考的少，而看標
籤的多，隨波逐流的多。哈靈頓的手法果然奏
了奇效，一頂「新保守主義」的帽子送過去，
立刻使他的對手失去了原來的朋友和盟軍，同
時，也爲他們招來了新的盟軍和朋友。前文說
過，美國也有保守主義者，即英國意義上的自

由主義者。但是這些人主要集中在政界或商界，不大為學術界理睬，如今他們聽說有一批著名作家、思想家和學者成了他們的盟友，豈有不歡呼雀躍開門納叛之理？

就這樣，友敵雙方一推一拉，新保守主義者身不由己。「新保守主義」在美國政界和政治思想界不脛而走，迅速流行開來。一九八八年，被視為新保守主義主要代表人物之一的美國著名政治學家賽默爾・馬丁・李普塞在一篇題為〈新保守主義：神話與現實〉(Neoconservatism: Myth and Reality)的文章中對上述情景作了這樣的描述：「從而，新保守主義者發現自己遭到了老朋友們的拋棄，卻受到了敵對者的歡呼。後者對他們的歡迎時常表現為給他們當熱心的聽眾。新保守主義者與保守主義者在一些問題上意見是一致的，比如在外交政策和反對為了照顧原來的受歧視者規定配額方面就是如此。當新保守主義者們討論這些問題時，更是深受保守主義者們的歡迎。他們邀請新保守主義者為保守主義雜誌撰稿，到他們的集會上演講，當他們的智囊。由於新保守主義者最為熱衷的是反對蘇聯和共產主義，也因為

他們憂慮地感到絕大多數美國自由主義者成了
綏靖主義者，他們也願意與主張強硬外交政策
的保守主義者結盟。」（1988，頁34）就這樣，
原本的自由主義者，而且一直沒有放棄自由主
義基本原則的一批著名知識份子就成了新保守
主義者。

第三節　爲新保守主義正名

　　我們剛剛引用的李普塞的那篇文章是爲新
保守主義正名的文章。作者在文章開頭不無忿
慨地寫道：「作爲一個意識形態術語和一個政
治團體的名稱，新保守主義是政治字典上被誤
解最多的概念之一。我這樣說的理由很簡單。
這個詞從來不曾指謂擁有一群倡導者的一套學
說。相反，它是一個爲毀謗政治敵手而製造出
來的標籤，而那些人的絕大多數是不喜歡人們
這樣稱呼他們的」。（頁29）
　　我們在前面看到了，「新保守主義」一詞的
發明權屬於邁克‧哈靈頓。哈靈頓認爲，新保
守主義思潮的本質特徵是否定美國自由主義的

一些基本假定。例如，新保守主義者不相信歷史進步的必然性，不相信政府能夠緩和乃至解決社會問題，反對實行社會福利政策。實際上，被稱為新保守主義者的思想家認為，他們的思想並未從根本上背離美國的自由主義傳統。相反，他們認為他們之所以被認為保守，並不是他們的意識形態發生了變化，而是美國的自由主義變得左傾了。用彼得‧斯丹福(Peter Steinfels)的話來說，這些激進的自由主義者使一個自由社會失去了自由 (1979，頁3)。這些左派竊取了自由主義名號，並給真正的自由主義者貼上了新保守主義的標籤。事實上，被稱為新保守主義者的思想家們更喜歡稱自己是「新自由主義者」(neo-liberal)。例如，貝爾就曾這樣概括他和他的同志們的政治觀點：「在經濟上，我是社會主義者；在政治上，我是自由主義者；在文化上，我是保守主義者。」也就是說，他們在經濟上相信福利國家，政治上相信能人統治和個人主義，文化上相信傳統和權威。在他們看來，稱他們是新保守主義者顯然是有失公正的。

　　李普塞接下來指出，美國政治中的新保守

主義只是一種傾向，並未形成一種政治運動，新保守主義也從來不是一套嚴密的信條和學說。他認為，最近許多作家把新保守主義等同於意識形態上認同經濟學家米爾頓‧傅利德曼（Milton Friedman）和美國前總統雷根（Ronald Reagan）自由放任政策的右翼保守主義，但這種作法是錯誤的。李普塞的理由是，新保守主義者並不是一個統一的學派，同時，儘管他們中不少人在不同的時期參與過保守黨的政治活動，但這並不意味著這些人放棄了他們的自由主義立場。

　　為了本書的寫作能繼續下去，我們暫且只能接受李普塞為新保守主義正名的一半。我們必須意識到所謂的新保守主義者骨子裏是自由主義者，但我們並不能因此迎合他們的意思一律改稱他們為新自由主義者。同樣，我們必須記住我們討論的新保守主義並不是所有新保守主義者都贊同的學說，但我們也並不因此放棄對新保守主義的主要觀點進行概括。正像政治家們必須滿足於妥協一樣，研究政治哲學的人有時也必須滿足於在用語上心照不宣。正名是必要的，因為它可以幫我們澄清思想。但正名

的作用往往也止於此，在很多情況下，正名並
不能使人們改變對語言的用法。

　　我們保留新保守主義這一稱呼，除了剛剛
提到的實用主義考慮，還有一個更能拿得出手
的理由。這個理由是，儘管被稱為新保守主義
者的思想家大多是古典意義上的自由主義者，
他們的主張卻與傳統的保守主義有不可否認的
聯繫。因為他們畢竟是主張維護傳統的，儘管
他們要維護的是自由主義傳統。

第四節　新保守主義的基本思想

　　如果您還因為作者在第一節賣關子感到不
快，現在您一定能諒解了。如果我不作上述鋪
墊就冒冒失失地兜售什麼新保守主義的基本思
想，不僅對有幾分冤枉地帶上新保守主義帽子
的思想家和學者們欠公平，萬一有少年讀者看
完那一節就失去了讀下去的興趣，豈不是更有
誤人子弟之嫌嗎？現在，我把新保守主義一詞
的來歷講清了，解釋了為什麼許多新保守主義
者不喜歡這個稱呼，也說明了我們在本書中為

什麼還要延用這個與事實不符的名號，就可以
比較放心地講新保守主義的基本思想了。萬一
您特別同情新保守主義者受的不公正待遇，也
請您暫且按下對「新保守主義」一詞的不耐和
反感，且看新保守主義究竟有那些主張，為什
麼如此令「親者痛，讎者快」。

我們在第一節說過，新保守主義不是一個
邏輯嚴密的理論體系，而是對當代政治（尤其
是六○年代美國政治）的反應。新保守主義代
表人物雖不甚多，但都是文化界的名流，他們
的著作幾乎涉及到社會政治生活的每一個方
面。在思想的傳播上，新保守主義也很有特色。
他們既出版深奧的學術專著，也自辦雜誌，我
們前文提到的《公共利益》和《評論》都是新
保守主義的重要輿論陣地。同時，他們也利用
小冊子、演講、研討會、新聞報刊等媒介宣傳
他們的思想。這一切都增大了歸納新保守主義
基本觀點的難度。

值得研究者們慶幸的是，新保守主義最著
名的代表人物之一伊爾文・克里斯托在一九七
六年發表在《新聞週刊》（Newsweek）上題為
〈何謂新保守主義者？〉（What Is a Neo-

Conservative？）一文中對新保守主義的基本
論點作了概括。此後，多數研究者採用他的總
結，我們在本書中也不例外。據克里斯托分析，
新保守主義者有如下五條「模糊的共識」：

　　第一，新保守主義堅持西方的價值觀念，
擁護資本主義，敵視共產主義。他們認為只有
實行市場經濟才能發展生產，並宣稱美國的傳
統自由主義價值觀適用於全人類，比任何其他
價值觀都優越。被稱為新保守主義者的思想家
在反對共產主義方面是一致的，他們有的曾參
加過一些反史達林主義的運動，有的則是積極
反對民主黨內傾向共產主義的人。共產主義的
特點是實行財產公有，由政府統一對經濟進行
計劃管理。新保守主義反對共產主義的傾向反
映在政府與經濟的關係問題上，就是他們主張
經濟自由化，反對政府干預。

　　第二，絕大多數新保守主義者支持羅斯福
新政的基本原則，認同福利政策意圖達到的社
會效果。但是他們在如何實行福利政策方面變
得比較保守。從一九六〇年代開始，新保守主
義者對政府（尤其是聯邦政府）在實行社會福
利政策過程中的具體作法提出了強烈的質疑，

他們呼籲改革社會福利制度。促成新保守主義者思想轉變的原因有兩個，一是其他國家社會主義實踐的失敗，二是美國的許多福利政策造成了嚴重的消極後果，例如助長了人們對社會和政府的依賴性，使很多人失去了靠個人艱苦奮鬥實現自立的動力。因此，新保守主義者告誡政府在制定社會政策方面要謹慎小心，對事情的複雜性要有足夠的認識。同時，新保守主義重申了資本主義的個人主義原則，認爲每個人都應爲自己的處境負完全的責任。發展社會福利事業必須以不破壞個人主義爲前提，否則就會在客觀上獎懶罰勤。

　　第三，新保守主義者強烈主張維護傳統的宗教和道德觀念，力主維護傳統的家庭觀念，反對性解放運動和反文化思潮。新保守主義者提出這一主張是因爲反對新左派蔑視權威和傳統。新左派不顧公共秩序，無視政治權威，詆毀美國的文化傳統，以挑起對抗爲策略，在六〇和七〇年代給美國社會尤其是大學造成過猛烈的衝擊。

　　第四，針對新左派要求在美國社會實現事實平等的激進主張，新保守主義者重申古典自

由主義關於機會平等的思想。他們反對空想和
烏托邦，認為激進派的均權主義勢必造成社會
災難。新保守主義者認為，機會平等原則是唯
一現實可行並對社會有益的原則，人為地實行
結果平均只會使社會失去進步的動力。所以，
他們反對優待少數民族（主要是黑人）或其他
社會階層（例如婦女和退伍軍人）的僱傭配額
政策，認為這樣做違背任賢尚能原則。

　　第五，新保守主義者認為共產主義與資本
主義是無法共存的。他們認為，如果世界上大
多數國家敵視美國的價值觀，那麼美國的民主
就很難長期生存。他們既反對越戰後盛行於美
國國會的孤立主義，也懷疑緩和國際局勢的作
法能否奏效。所以，在美國的對外政策尤其是
對以蘇聯為代表的共產主義國家的政策方面，
新保守主義者是主張強硬的鷹派。

第五節　新保守主義的思想淵源

　　新保守主義的產生表明意識形態之爭並未
結束。現實社會政治的複雜性打破了自由主義

思想家憑藉理性、科學和政府以改造社會的理想，用事實教育了他們。同時，左派思想家對美國社會的尖銳批判向自由主義思想家的基本價值理念發起了挑戰，迫使他們不得不回到關於政治與社會的哲學思辨中。這是新保守主義產生的背景原因，除此之外，新保守主義還有其思想背景。

新保守主義產生的最直接的思想背景是對自由主義思想傳統的反省和復興。二十世紀的四〇和五〇年代，美國一些學者開始向自由主義的許多不切實際的理論假定提出了挑戰，並力圖把現實主義注入自由主義，他們強調社會現實的複雜性，認爲傳統自由主義的一大缺點就是忽視了社會生活中存在種種矛盾這一基本事實。這股思潮的代表人物有社會學家羅伯特・莫頓（Robert Merton）、歷史學家理查德・霍夫斯達特，和作家萊昂內爾・特雷靈。莫頓批判了自由主義對社會制度的看法，他指出社會的種種制度旣發揮著有目共賭的功能，同時也發揮著許多不顯而易見的功能，同樣，社會活動不只是會帶來人們臆想的成績，還會造成人們不希望看到的後果。霍夫斯達特批判了自

由主義的理想主義和訴諸大眾情緒的傾向。特
雷靈則依據對社會生活的深入理解指出了自由
主義與現實的嚴重脫節。他們對自由主義的批
判成了新保守主義的理論起點。

　　除此之外，對新保守主義的形成與發展有
重要影響的還有以下三個學派。第一是法國哲
學家李奧・史特勞斯（Leo Strauss）及其門人
創立的結構主義學派。史特勞斯等人認為，社
會現象極為複雜，我們對社會的認識十分有
限，維護社會穩定是一件很不容易的事情。在
他們看來，社會政策的失敗，原因多出於人們
錯誤地認為人和社會是可以改變的，而事實
上，很多社會問題根本就無法解決。在政治思
想方面，馬丁・迪爾蒙德（Martin Diamond）和
瓦爾特・柏恩斯（Walter Berns）對新保守主義
影響最深。他們重新考察了美國的建國思想，
肯定制憲者的一些重要思想至今仍是正確的，
比如強調美國的核心價值是自由，美國的政治
制度是制約與平衡的制度，代議制民主優於直
接民主。

　　對新保守主義有重要影響的第二個學派是
以米爾頓・傅利德曼和弗里德里希・海耶克

(Friedrich von Hayek)爲代表的新古典自由主義經濟學。新經濟學說的主要論點是應當讓市場體系充分發揮作用，社會問題也應當用市場機制解決。新自由主義經濟學家們重申了古典自由主義關於政府之作用的論斷，認爲政府應當盡量少干預經濟事務和社會事務，重申管得最少的政府是最好的政府。

　　影響新保守主義的第三個學派是以羅伯特・尼斯貝(Robert Nisbet)爲代表的強調社團(community)之作用的社會學理論。新保守主義者重視宗教和種族在社團形成過程中的作用，他們關心社團問題，因爲他們認爲社團可以提供維護社會穩定所需要的社會約束。

　　以上我們簡單地介紹了新保守主義的基本觀點、產生的歷史背景和思想淵源。作爲一種新的社會政治哲學，新保守主義的首要任務就是對其關心的社會政治問題作出令人信服的解釋。同時，它還應從理論上提出解決這些問題的辦法。下面就來討論這兩個課題，希望您還有興趣讀下去。

第四章
新保守主義對美國政治
病因的診斷和處方

第一節　診斷

　　新保守主義面臨的第一個問題，就是如何解釋美國政府六〇年代的國內和國際政策的失敗，以及人們對民主制度信心的衰減。新保守主義者們認為，美國政策的失敗事實上是作為政策之理論基礎的自由主義學說的失敗。他們認為，從羅斯福實行新政開始，美國政府一直在奉行自由主義理論，其具體表現是，過份相信政府解決問題的能力，每遇到社會的或經濟的危機，首先想到的就是增加政府的干預，例如加強對經濟活動的控制，增加稅收以發展社

會福利事業等等。這些措施能暫時紓解一些問題，但也造成了更多的問題，從長遠觀點看，結果往往是得不償失。他們由此得出結論，透過政治行動促進人類的幸福和進步，其成效是有限的，甚至會適得其反。具體說來，他們認為導致美國政府的「大社會」計劃和其他相關政策的失敗，主要是以下四個原因：

第一，政治家和他們的智囊都低估了社會的複雜性，誇大了理性的力量。

新保守主義者指出，美國政治連遭失敗的一個突出表現，就是政府制定的許多政策帶來了意想不到的消極後果。究其原因，就是制定這些政策的人對社會認識得不深不透，只看到眼前一點，看不到長遠的未來。他們指出，現代社會極為複雜，人與人之間和制度與制度之間的相互依存程度都比以前高了許多，在這種情況下，一種政策的實施常常會有牽一髮而動全身的效果。如果政府未曾預料到這一點，它制定的政策就很可能帶來許多意想不到的副作用，從而使政策帶來的益處大打折扣，甚至得不償失。新保守主義者認為這種現象的發生不是偶然的，相反，政策會帶來意想不到的後果

乃是一條社會規律。關於這一點，克里斯托寫
道：「與人們欲求達到的結果相比，社會行動造
成的未曾預料到的後果總是更爲重大，而且通
常是人們所不喜歡的。」（1972，頁xix）李普
塞和克里斯托不約而同地以美國的社會福利政
策爲例說明他們的觀點。李普塞寫道：「在過
去幾十年間，人們設計了許多社會變化推進平
等，提高社會底層之人的地位，例如各種各樣
的福利項目就是這樣。但是，這些變化卻出乎
意料地給本當受益的人帶來了毀壞性的後果。」
克里斯托這樣描繪了社會福利政策對家庭造成
的破壞：「社會福利政策正在毀滅美國的窮人
──它使孩子無父，妻子無夫，丈夫無用。」
（1972，頁143）

　　您也許會說，現在我們已經知道政策會有
副作用，我們是否可以在制定政策時考慮得周
全些，從而避免這些不良的副作用呢？新保守
主義認爲不可以，其論據是，認識到政策會有
副作用可以紓解矛盾，但不能從根本上解決問
題。原因是，無論社會科學怎樣進步，人們關
於社會的知識永遠是有限的，而在有限的知識
基礎上不可能制定出完美的政策。莫尼漢即認

爲，社會科學家們的一個普遍失誤是——高估了社會科學「知道多少和能夠知道多少」(1970)。李普塞也批評社會科學失去了應有的謙卑和審慎精神，對社會現象的極端複雜性和認識社會的難度缺乏應有的認識。克里斯托的批評更加尖刻：「社會科學家不僅不能解決問題，而且他們的存在本身就是問題的一部份，六〇年代的社會改革之所以那麼魯莽草率，原因就是受當代社會科學家思想的影響太深了。」(1978，頁234) 在新保守主義者看來，問題不在於社會科學家缺乏知識，也不在於政治家聽從了社會科學家們一知半解的建議，問題在於雙方都沒意識到或者不肯承認自己的能力或知識是有限的。無論什麼時候，政策都只能在不充分的知識基礎上制定，而且無論哪個國家的政府，都不可能圓滿無缺地執行它的政策。要避免重大的失誤，關鍵是要承認政府能力和人類知識的有限性。

　　社會科學的發展本身也在不斷地揭示社會科學知識的相對性。例如，社會科學家們一度主張，增加教育投資必定可以提高教育水平，後來的研究卻表明這兩者之間沒有必然的關

連。莫尼漢這樣寫道：「社會科學愈進步，愈
缺少指導社會政策的信心。社會科學家傾向自
由主義，但社會科學的發現卻無疑是傾向保守
的，因為這些發現差不多都是在說明社會只能
漸進性地發展，少有例外的情況。」（1975）　這
並不是說社會科學家沒有用，只是說明社會科
學的職能不是制定政策，而是評估政策的結
果。新保守主義一反六〇年代因為社會科學的
巨大進步而產生的科學萬能主義，轉而強調社
會科學知識的局限性，顯示了一種獨特的冷靜
和自我批評精神。

　　第二，過份誇大了政府的能力。

　　新保守主義指出，導致政府行動失敗的第
二個原因是多年來人們相信政府有能力改變人
和社會的本質，而這種想法是荒謬的。在這一
樂觀然而虛妄的信念支配下，人們把根本不可
能實現的烏托邦當成政策的目標，是注定要失
敗的。只有認識到這一點，人們才不致因政府
的失敗動搖對民主制度的信心。莫尼漢寫道：
「民主政治的穩定在很大程度上取決於人民認
眞區分政府能做什麼，不能做什麼。……如果
要求政府提供它無法提供的東西，就會導致挫

折和傷害。倘若人們由於被誤導而熱烈的相信
政府可以滿足他們的要求，他們受到的挫折和
傷害就會特別嚴重。」(1975，頁255-256)

　　新保守主義者指出，政府能力有限的一個
證據就是政府的政策目標往往相互衝突。每個
政府部門都只考慮實現自己的目標，不考慮這
些目標與政府要達到的其他目的是否一致。例
如，一個政府部門要提高最低工資額，卻不考
慮這樣做會增加失業人口，另一個部門要求在
就業方面照顧退伍軍人，結果影響了婦女的就
業機會。但是，這些相互衝突的利益和目標往
往都是合法的，都有正當的理由和根據，政府
不能也不應該勉強判定何者應該優先。

　　在新保守主義者看來，人們對政府期待太
高的一個重要原因，是忽略了人性不可能完善
這一事實。如果人們時刻記得無論是政治家還
是普通公民都不可能成為十全十美的聖人，相
反地，他們都以自我利益為中心，那麼人們就
不會對政治和政府抱過高的期望了。在人性問
題上，新保守主義者全盤繼承了歐洲傳統保守
主義的觀點。他們認為，支配人們行動的主要
是自私自利，因此，切不可過高地估計人們的

理性對情緒的控制能力，也不能指望人們克服成見、一視同仁，更不能企求人們為公益犧牲私利。在政治上，尤其不可把人性理想化，現實地對待人是成敗的關鍵。政治制度的設定所必須考慮的，一是如何使人把私心用在同時對於社會有益的活動中，二是如何防止人的作惡能力。威爾遜十分簡潔地用兩句話概括了新保守主義的人性觀：「人是執拗的，執拗得本性難移；但是人也是講理的，理性得隨機應變。」（1977，頁xvii）

　　新保守主義不僅繼承了傳統保守主義的人性觀，也繼承了它的改良主義。它一方面要求人們正視人的劣根性和不可救藥性，另一方面也要求人們不可因此就悲觀厭世。相反，正是因為人本性惡，才更需要人們透過積極的努力創造合適的社會制度，漸進地、穩妥地改善人們的生存環境。威爾遜在《關於犯罪的思考》（*Thinking About Crime*）一書的結論中寫道：「我的主張是，對人和人創造的制度應當有冷靜清醒的理解，只有這樣，我們才能實現合理的，放棄愚蠢的，忘掉空想的。」（1977）

　　第三，傳統頹壞，個人失去了必要的社會

依傍。

　　新保守主義認爲，有助於紓解社會問題的傳統制度和結構遭到破壞，是美國政治失敗的另一個原因。社會上本來有不少可以幫助人們消除或紓解社會壓抑的組織，比如家庭、教會、同鄉會等等。這些非官方的組織同時還能約束其成員的行動，從而對維護社會的穩定作出積極的貢獻。但是，政府對社會生活的過多干預，破壞了這些傳統的社團組織，使其喪失了應有的權威，由此開始了一個惡性循環。起初是政府急於解決諸如社會團體漸趨解體引發的街頭犯罪之類的社會問題，但政府的直接介入導致傳統組織的權威進一步被削弱，反而加劇了各種社會問題。格雷澤在一篇題爲〈社會政策的界限〉的著名論文中，詳細討論了美國政府的社會政策的種種失誤 (1971)。

　　第四，尾大不掉，特權階級橫行。

　　新保守主義者認爲，國家職能的擴大造成了一個擁有特殊利益的新階級，其中包括「科學家、教師、教育官員、新聞記者以及新聞界的其他人員、心理學家、社會工作者、在日益擴大的公共部門就職的律師和醫生、城市規劃

者、大基金會的工作人員、政府機構的高級官員等等」（克里斯托，1978，頁27）。新階級的突出特點是培育了一種與傳統的政治、經濟和道德觀念相反的文化。他們打著為窮人謀福利的旗幟，搞出一個又一個社會項目，讓政府不斷投入資金，而真正從中得利的卻是他們自己（莫尼漢，1970b；格雷澤，1978；帕霍雷茨，1979）。新階級的權力地位和財富都依賴一個積極有為的政府，依賴著不斷開設新的政府項目，維持已有的項目。這些人教育程度高，能直接接觸到政府高層人士，又是直接為自己謀利益，所以在影響政策方面十分賣力，也十分成功。他們得了利，受害的卻是社會，其中受害最大的正是他們聲稱要幫助的社會底層。

在新保守主義者看來，以上列舉的四點因素對美國政府的效率有很大的消極影響，但這還不是最危險的。最大的危險在於，這些因素會導致政府行動失敗，並因而動搖美國人民對自己的政治制度的信心，甚至會破壞構成美國社會之基礎的價值觀念。新保守主義強調，他們的警告不是危言聳聽，事實上，我們已經可以看到這些危險的端倪了。

　　首先，對政府能力的極度誇大使人們對政府產生了過高的期望。由於認為政府無所不能，人們要求政府消滅一切由經濟和社會的不平等帶來的不良影響。毫無節制的政治要求把政治變成了各社會集團努力利用政府力量滿足自己要求的爭奪戰，從而使政府陷入了不堪重負的境地。正像貝爾所說的：「經濟決策和文化事務決策的政治化，不可避免地招致了越來越多的團體衝突。」（1978，頁486）以往分散在市場中的決策如今集中到了政治決策過程中，相應地，凡有失敗，人們不復在利益衝突的不可調和性上找原因，而是把責任一古腦推在政府乃至政治制度身上，其後果必然是危害政治穩定。

　　危險將至的第二個徵兆是民粹主義（populism）死灰復燃。民粹主義認為，人民的意志在現行的代議制民主制度下被當權者封殺，不能暢行無阻，因而主張用直接民主取代現行的多元主義民主制。民粹主義者的特點是把政府計劃的失敗歸因於政府成員故意與人民的意志作對。例如，他們懷疑政府部門潛伏著共產黨人，又懷疑能源部的政策受石油公司的

左右（莫尼漢，1975，頁27）。

　　針對民粹主義的主張，新保守主義指出，應當嚴格區分深思熟慮的多數和烏合之衆的多數，只有前者的意見才是眞正的民意。新保守主義者們認爲，烏合之衆的所謂民意或輿論，只會破壞美國多元的民主政治制度。他們認爲，民粹主義者慣用危言聳聽的伎倆，把本來不大的問題誇張爲嚴重的危機，並據此要求美國政府作出堅決有力的反應。而當政府因魯莽從事遭到敗績時，民粹主義者不思己過，反而把矛頭指向美國的政治制度。

　　新保守主義者認爲，危機在即的第三個徵兆是美國的傳統價值觀遭到嚴重的挑戰。先是新左派和反文化論者，後是新階級，皆棄傳統價值如敝屣。新保守主義堅決反擊了這三派論者對美國傳統的攻擊。例如，新左派認爲，美國社會的某些方面出了不可救藥的差錯，種種社會政治問題，如種族歧視、社會不公正、帝國主義，都是整個制度造成的，而且現行制度根本無法解決這些問題。對此，瓦滕堡反駁道：「新左派從根本上錯看了美國。」事實上，即使從黑人、窮人和工人階級的立場看，美國的

社會政治制度也是成功的，而不是失敗的。再
例如，反文化論者拋棄艱苦奮鬥和自我克制的
傳統，宣揚享樂主義和所謂的自我實現。新保
守主義者認爲，這種思想無異於從精神上瓦解
美國的立國之本，必須予以堅決的反對和批
判。

　　新保守主義也許是抓住美國社會問題的癥
結，可是怎樣才能解決這些問題呢？我們接下
來看新保守主義者爲美國人民開出的治世良
方。

第二節　處方

　　對社會政治領域裏出現的種種問題作出令
人信服的解釋固然重要，更重要的還是提出切
實可行的解決辦法。我們在上一節討論了新保
守主義對自由主義政策和新左派的批判，現在
就來看看它爲美國人民開出的藥方。

　　新保守主義認爲美國產生眾多社會政治問
題的癥結，是自由與多元這兩個核心的傳統價
值觀念受到了挑戰和破壞，要解決這一根本性

的問題，必須採取五個主要措施。

第一，重新樹立權威，保護政府的形像。

新保守主義者認為，美國的危機主要是喪失權威的危機。這一危機的主要表現是，政府開始失去合法性，人民漸漸失去了對政治領袖的信心，社會穩定因而受到威脅。新保守主義者特別關心社會穩定問題，在他們所處的時代是完全可以理解的。政治學家維達夫斯基借用經濟學家阿爾弗雷德‧馬歇爾（Alfred Marshall）的一段話簡明扼要地表述了新保守主義對政府的態度，他寫道：「政府是人類最寶貴的財富，為了使政府保持最好的運轉狀態，無論花多少心血都不算過份。而要達到這個目的，一個主要條件就是不要讓政府做它並非特別擅長的事。」（維達夫斯基，1973，頁25）因此，他們認為當務之急就是要重新樹立政府的權威，恢復它在美國民眾中的合法地位。

怎樣才能重新樹立政府的權威呢？新保守主義提出了三條建議。第一，他們認為，政府要取信於民，最重要的當然就是要為民做事。所以，他們認為關鍵的問題還是政府要穩妥有預見地實施社會計劃，為人民排憂解難，從而

切實地消除不利社會穩定的根源。優秀的政績
是合法性最可靠的保證。

　　第二，新保守主義者很看重輿論的作用，
他們認為，美國政治的危機在很大程度上也是
新左派及其反文化思潮眾口鑠金的結果。因
此，要重建政府的權威，必須大力反擊新左派
對美國政治制度的詆毀。在批評新左派方面，
新保守主義者擅長的手法是把新左派的主張與
某種極端的觀點牽扯起來，從而引起人們的反
感。例如，新左派對美國社會持激烈的批判態
度，新保守主義者就給他們戴上「反美國主義」
的帽子。

　　第三，新保守主義者認為，權威危機實際
上是一種文化危機，價值觀和倫理道德的危
機。人們之所以失去了對政府和政治權威的信
心和尊敬，原因是他們對政府失望；之所以失
望，在很大程度上是因為他們抱的期望太高；
而之所以會對政府抱太高的不切實的希望，則
是因為人們的價值觀出了問題。美國人本來是
崇尚個人主義的，現在不少人放棄了個人奮
鬥，完全依賴社會和政府，期望國家把一切都
給他們安排好。可是政府根本不可能做到這一

點，問題就發生了。

　　按照新保守主義者的設想，要從根本上解決這一文化危機，必須創立一種新的公衆哲學，使人們在道德價值和政治價值上達成共識。他們認爲，任何政治社會都必須以社會成員公認的公益觀爲基礎，如果在什麼是公益這個問題上達不成共識，人們就會對社會秩序的正義性提出質疑，社會就不可能穩定（克里斯托，1978）。貝爾明確指出，當代美國的問題就是缺乏這樣的共識，因而，面對相互衝突的各種利益，人們找不到一個公認的哲學判定哪些利益是正當的，也無法斷定哪些社會效果是正當的（1978）。新保守主義者認爲，美國本是個多元的社會，有各式各樣的社會力量運作於其中。若沒有一種社會公認的社會政治哲學，社會必然被相互衝突的利益分裂。

　　那麼，這樣的社會哲學應當涵括什麼樣的內容呢？新保守主義者認爲，這種哲學內容就是美國的傳統價值觀念，其中包括：克制自我、注重家庭、勞動光榮、發展經濟、積極進取、崇尚賢能、民族自尊、宗教寬容、嚴守職業道德、奮鬥在先，享受在後、謹愼苦幹、誠

信可靠、節制情慾、維護社會秩序、尊重權威、
強調責任感、不侈談權利等等。新保守主義者
認爲，這些價值代表的才是眞正的美國，是美
國人可引爲自豪的。他們認爲，政府應當出力
復興和倡導上述價值觀念。

剛才說過，社會哲學的基本職能是提供一
些基本的原則和標準，使人們可以在不同的利
益之間發生衝突時有可靠的依據判斷哪些利益
更加正當，從而解決衝突。克里斯托和貝爾提
出了兩條基本原則，其一是「崇尙賢能」（meri-
tocracy），其二是「最低社會福利」（social
minimum）原則。按照第一條原則，分配社會地
位和財富時，只應當依據敎育程度和技能，不
應看出身、財產和政治權力。第二條原則要求
保障每個社會成員的基本生存需要。他們堅決
維護機會平等原則，反對人爲地實現「狀況平
等」或「實質平等」。他們的理由有三個：第一，
人爲的均貧均富必然會使人們失掉創造新財富
的動力；第二，「狀況平等」原則會鼓勵所有的
社會團體都宣稱自己處於不利的地位，要求政
府改善他們的地位，從而危害社會秩序的穩
定；第三，由於存在著各式各樣的不平等，實

現狀況的平等事實上是不可能的。

克里斯托和貝爾提出的這兩條原則是相輔相成的。他們在強調崇尚賢能的同時，也沒有忽略處於不利地位的其他社會階層。在這一點上，新保守主義完全繼承了歐洲傳統保守主義的社會有機主義。一方面，社會必須讓才能出眾的人在社會地位、經濟收入，乃至政治權力方面出人頭地，從而保持社會的活力。另一方面，由於社會是一個有機體，它的任何部分都不應該被忽視，所以儘管一些社會階層貢獻不大，處於不利的地位，社會還是要為他們提供適宜的住房、醫療保健等等。正如貝爾所說的：「這些事情事關安定和體面，是文明社會必須優先考慮的。」（1976，頁452）

第二，為資本主義歡呼兩次。

新保守主義認為，資本主義是人們迄今所知的種種社會制度中最合理的，要解決種種社會問題，根本的出路主要是依賴市場機制大力發展經濟。新保守主義者認為資本主義主要有三個優越性。第一，資本主義能給人帶來物質財富，它比其他任何社會制度都更能滿足人們的物質需要。克里斯托在《為資本主義歡呼兩

次》（*Two Cheers for Capitalism*）中寫道：
「不論是個人還是集體，只要奉行資本主義秩
序的社會哲學，身體力行與它相關的價值觀，
就能實實在在地改善處境。」（1978，頁x）世
界上最富有的社會都是資本主義社會，發展最
快的社會也是資本主義精神掛帥的社會。

　　資本主義之所以能做到這一點，是因為它
的市場體制能最有效率地分配資源，並激勵人
們最大限度地把才智和體力投入商品生產活
動。市場經濟可以提供強大的動力，督促人們
做他們應當做的事。市場可以把私利與公益結
合在一起，人們在市場體制下為自己的利益奔
忙，但是由於他們是在創造財富，所以他們的
行動對整個社會也是有利的。在促使人為社會
作貢獻方面，市場機制遠比強迫命令有效。莫
尼漢指出，「政府幾乎總不靈，而市場幾乎總
靈。或者市場總是比政府更有效」，其原因就在
於市場能激勵人自動做事。

　　資本主義的第二個優越性，是它最能保護
個人自由，最能防止全能國家的出現，是最堅
強的民主基礎。新保守主義者相信，儘管資本
主義可能不是建設自由社會的充分條件，但看

起來它確實是一個必要條件。在當今的世界上，只要一個社會實行多元主義的民主制，保障公民的個人自由，其經濟必是大多掌握在私人手中。市場經濟把財富分散在個人手中，保證了公民的自由。財產公有的社會必然產生全能的國家，失去經濟自主權的個人只能聽任政府擺布，根本談不上有政治自由。

　　資本主義的第三大優越性，是市場經濟可以分散決策的責任，減輕社會對政府和政治制度的壓力。在市場體制下，個人必須負起對自己的責任，不能指望靠政府滿足他的需要。同時，在市場體制下，個人對社會資源的有限性有更加明白的認識，這樣一來，就不會向政府提出過份的要求，也不會因政府無法滿足他們的無理要求而心懷怨恨，因而動搖對政府乃至政治制度的信心（莫尼漢，1973）。

　　不過，新保守主義並不是毫無保留地擁護資本主義的。他們不贊成政府過多地干預經濟，但是承認自由放任主義也行不通，適當的政府調節是必要的，也是有益的。他們不贊成社會主義式的社會福利政策，但並非不加分析地反對一切社會福利。這一點，我們在前面已

經提到，這裏要強調的是，新保守主義之所以
提倡建立「保守的福利國家」（克里斯托）或「最
低限度的社會保障」（貝爾），不僅是因爲他們
的社會有機主義觀點，也是因爲他們對資本主
義制度弱點有清醒的認識。

　　新保守主義認爲資本主義制度有兩個主要
弱點。第一，資本主義缺少一個令人信服的理
論，因而不能證明資本主義的財產分配方式是
正義的。傳統的資本主義分配理論聲稱財富是
勤儉的結果，但是現在已經不大有人相信這種
論證了。不僅信奉馬克思主義的人會搬出剩餘
價值理論反駁上述論點，連堅決維護市場經濟
的海耶克也認爲：「想使物質報酬與人們承認
的才幹一一對應，是旣不可取也不可行的。」
（轉引自克里斯托，1978，頁260）

　　資本主義的第二個弱點是，資本主義的發
展要求人們克勤克儉，但它的財富分配卻刺激
人們追求享樂。這就是貝爾所說的資本主義的
文化矛盾。按照貝爾的分析，資本主義社會中
存在著互不銜接的三個領域，即技術經濟領
域、政治領域、文化領域。技術經濟領域與文
化領域的矛盾最明顯。一方面，資本主義經濟

活動需要清教的文化倫理，另一方面，資本主義的文化享樂主義又是與清教倫理格格不入的。諾瓦克也談到了重建資本主義文化的必要性，他寫道：「只有這樣一種文化才能支撐民主政治制度和資本主義經濟制度，在這種文化中，大多數公民能做到奮鬥在先，享受在後，有責任感，能把錢省下來從事聰明的投資活動。」(1978，頁13)

儘管新保守主義對資本主義有所批評，總體來說，他們是全心全意維護資本主義的。可以說，克里斯托的名著的標題道出了新保守主義對資本主義制度的基本態度：「為資本主義歡呼兩次」。如今，隨著共產主義制度在前蘇聯和東歐的破產和在中國大陸的失敗，資本主義制度益發顯出了強大的生命力。對此，新保守主義者大約是要大呼萬歲了。

第三，再造公民社會。

新保守主義為解決美國的社會問題提出的第三條建議是，復興介於政府與個人之間的社團調節組織和制度。新保守主義者指出，個人的能力是有限的，無論是誰，都免不了有必須求助於他人的時候。有些人認為政府可以幫助

個人，而事實上，每個人的情況千奇百怪，要
求的幫助也必然五花八門，政府的人力物力都
有限，所以根本不可能面面俱到地幫助每一個
人。因此，社會若要良性運轉，就必須有中間
性的社團組織，例如，家庭、鄰舍、教會、志
願組織等等。這些組織可以發揮五個重要功
能。第一，它們可以透過培養人們對小團體的
忠誠和信任，建立人們對整個社會的忠誠。社
會看起來是個巨大組織，但對於個別的社會成
員來說，社會二字的外延卻可能是非常有限
的。個人因家庭生活不幸而走向反社會，並不
是罕見的事。新保守主義者認為，在過去的幾
十年裏，這樣的社會組織衰落了，結果是人與
人之間失去了應有的關懷和同情，個人在國家
面前感到軟弱無助，國家也失去了個人的忠誠
和信任。復興社會中介組織將有助於重建人們
對美國社會的信心。第二，這樣的社會組織具
有很大的彈性和適應能力，不像政府的官僚機
構那樣呆板僵化，可以因時因地隨機應變地解
決社會問題。第三，這些組織存在於民眾之中，
容易贏得人們的信任。第四，人們都希望獲得
歸屬感，希望加入某種社會組織以超越個體的

生活，這些中介性的社會組織恰好提供了這樣的機會。第五，這種社會組織可以使人們建立不同的價值觀念，這正是一個眞正的多元社會的基礎。

　第四，堅決維護現行政治制度，嚴格按憲法辦事。

　新保守主義從文化角度探討美國政治危機的根源，並力圖透過改造文化來改良社會，是很有特色的。文化代表一個社會的精神狀態，其重要性是不言可喻的。新保守主義者也確實看到了美國文化中的一些嚴重的問題，並提出了獨特的施政建議。例如，他們強調維護憲法，主張循序漸進按部就班地解決現實問題，就與盛行於美國社會的急躁莽動情緒形成了鮮明的對比。美國人崇尚實幹，但是不夠耐心，多年的成功經驗，加上對現代科學技術以及對美國國力的信心，使美國人急於求成，甚至於好大喜功，一遇挫折，也容易灰心喪氣。六○年代美國在國內國際政治上都受到一些挫折，新左派和民粹主義者便對美國的政治制度發起了進攻。他們認爲，美國現行的以結盟、協商和漸進主義爲特點的制衡制度，已經不適合現代的

需要了，應該予以改革。有人提出應該廢除美
國的制衡制度、強化總統的權力以提高政府的
工作效率。此外，還有人主張廢除國會的資歷
規定，讓最高法院扮演更主動的角色，廢除政
黨制度，實行人們內部民主，把決策權集中到
聯邦政府，重視使用全民公決，廢除選舉院，
限制競選贊助等等。

　　針對以上種種激進的改革建議，新保守主
義者的第四個建議是重建和堅持以聯盟、協商
和漸進主義為基礎的多元的民主政治制度。他
們認為，美國制憲者們建立的權力制衡制度雖
不是盡善盡美，但遠勝激進派的新構想。新保
守主義者維護代議制的多元的民主，不贊成以
公民直接參政和平等主義為基礎的民主。我們
在前面提到過，新保守主義者強調要嚴格區分
深思熟慮的多數和烏合之眾的多數，認為真正
的民主必須是前者的民主。需要說明的是，新
保守主義不贊成直接民主，並不是因為他們不
相信人民的政治智慧和理性。克里斯托明確地
寫道：「我恰好相信，儘管美國人民在某些短
暫的時刻表現得不理性，但從根本上說，他們
是理性的。」（1978，頁245）他們反對直接民

主的理由是，這種民主形式並不能加強普通民
衆的政治權力，受益的將是有錢財、有技能、
教育程度高並有意識形態的社會上層，而這些
人一旦得勢，必將全力維護他們的既得利益。

　　由於這個原因，新保守主義者們認定，唯
有嚴格遵守憲法，按多元政治制度的程序辦
事，才能最可靠地發現民意，達成共識。

　　第五，創造有利的國際環境。

　　新保守主義者對美國傳統價值觀念的維
護，不僅表現在對國內新左派的抨擊上，而且
表現在對國外共產主義的批判上。他們認爲，
從國際觀點看，蘇聯已經對西方構成了嚴重的
威脅。到一九七〇年代，不少新保守主義者認
爲蘇聯在軍事力量上已經超過了美國，並因此
憂心忡忡。因此，他們認爲爲美國應當大幅度
增加軍費開支，加強國防力量。同時，在外交
政策上，他們認爲美國應當主動發起意識形態
方面的進攻，把人權和美國的其他價值觀納入
美國的對外政策中，利用聯合國和其他國際組
織宣傳這些價值觀念，他們認爲，在國際場合
對美國價值觀之優越性的信心有助於鞏固美國
民衆在價值觀上的共識。莫尼漢在他的著作《危

險的地方》(*A Dangerous Place*)系統地闡述了新保守主義的這條新策略。他在任美國駐聯合國大使期間身體力行了保守主義的這一原則。

結語
新保守主義的歷史地位

　　爲任何一種影響較大的政治學說或思潮定位，都不是一件容易的事，除了學說或思潮的內容往往十分龐雜之外，一個重要的原因是歷史並不是確定的、直線發展的。歷史會重複自己，常使看似滅亡的思潮、學說或理論死灰復燃。

　　新保守主義是發生在當代的政治思潮，因此，現在確定它的歷史地位幾乎是不可能的。在這裏，我們只想從理論和實踐兩個方面對新保守主義的成功和失敗作最簡單、最初步的評估。

第一節　理論的評估

在理論建樹方面，新保守主義者的理想是創造一種符合美國傳統的保守主義，這傳統包括自由市場經濟、個人權利、三權分立等等，甚至包括二十世紀建立的社會保障制度。當然，建設新理論的同時也是批判現有的理論，在這裏，被批判的主要就是美國六〇年代的新左派。新保守主義者是否實現了自己的理論抱負呢？

多數評論家認為，新保守主義者交了兩份成績單。在批判新左派的過激言論方面，他們比較成功，在建設新自由主義方面則差強人意，甚至是失敗多於成功。本來，建設總是比破壞困難得多，批評固然需要有敏銳的眼光，創造還要有其他的條件。筆者妄測，新保守主義立不如破，既是他們思想保守的明證，也不妨說是他們思想保守的結果。對現實政治關心太過可能也是他們顯得創造力不足的一個原因。關心現實問題是必要的，但關心太切則難

免自縛手脚，這是政治思想家常常遇到的問題。

　　進入一九八〇年代末，新保守主義似乎已經是強弩之末了。從思想層面說，新保守主義的主要代表人物在許多重大問題上發生了分歧，使得本來沒有嚴密思想體系的新保守主義顯出了一種分崩離析的趨勢。例如，在國際政治方面，一個重要的分歧點是怎樣看待中東問題。所謂中東問題主要是指以色列與巴勒斯坦人在國土問題上的衝突。這是一個現實問題，更是一個歷史問題。以色列人本來是居住在中東的，後來以色列國被阿拉伯人滅掉，以色列民族才成了流浪世界各地的遊民。第二次世界大戰結束後，主要由美國作後盾，以色列人開始了大規模的復國運動。歷史繞了一個圈子，昔日的被征服者如今成了征服者，輝煌一時的阿拉伯帝國早已成爲歷史雲烟。但是，歷史的舊帳能記在今人頭上嗎？以色列人固然有生存的權利，有擁有一片國土的權利。可是，已經在原以色列國土上生存了許多世代的巴勒斯坦人同樣也是有生存權利的。前文說過，新保守主義者大多是猶太人，所以他們自然都是站在

以色列一方。但在如何對待巴勒斯坦人問題上，他們也像以色列的政治家們一樣分成了兩派。貝爾、格拉澤、維達夫斯基和李普塞公開支持以色列政府中主張與巴勒斯坦人和平共處的鴿派，而德克特、胡克、克里斯托和帕霍雷茨則傾向於支持強硬的鷹派。

在美國國內政治問題上，新保守主義者也發生了明顯的分化。一些人加入了共和黨，另有一些人如帕霍雷茨和德克特在婦女權利和同性戀者權利等社會問題上的立場趨向保守，而科克帕特里克等新保守主義者在許多社會問題上則仍堅持自由主義。

第二節　實踐的評估

提到新保守主義的政治實踐，不少人會立刻聯想到曾分別在美國和英國叱咤風雲的兩位政治強人——美國前總統雷根和英國前首相柴契爾夫人。一些評論家認為，八〇年代是新保守主義的極盛時期，其標誌就是柴契爾夫人自一九七九年起主宰英倫三島和雷根於一九八〇

年入主美國白宮。在英國，柴契爾夫人打破了
保守黨與工黨共同保持近三十年之久的政治共
識，大刀闊斧地砍斷了共識政治的三條支柱，
即保障就業、工會權力和福利國家。在美國，
雷根提出要實行新聯邦主義，在財政、賦稅和
收入分配等政策上與羅斯福首倡的新政大異其
趣。這些評論家認為，柴契爾夫人和雷根推行
的正是以新保守主義為理論基礎的保守資本主
義政策，其主要內容包括：廢除累進稅制以鼓
勵投資，最富有的階層的賦稅率反而低於中產
階級；裁減社會福利開支；復興體現傳統的行
為規範和價值觀的社會制度，如教會和家庭；
提倡自由競爭，以市場而不是以國家為最重要
的社會制度。

　　如果我們肯把新保守主義與八十年代的英
美政治牢牢地聯繫在一起，那麼，從實踐效果
上看新保守主義學說，結論應當是比較明顯
的。從現實政治角度看，與新保守主義聲氣相
投的柴契爾主義和雷根主義，都很難說是取得
了預想的成就。在美國，雷根執政八年間，美
國經濟有較大發展，但也造成了嚴重的長期問
題，例如巨額外債就是最突出的一個。這些問

題最後導致了布希總統競選連任的失敗。在一
九九二年舉行的美國總統選舉中，民主黨候選
人比爾‧柯林頓(Bill Clinton)對從雷根執政以
來共和黨的內政外交無不盡全力貶低攻擊，殺
傷力最大的一項，就是以美國經濟的蕭條爲
證，說明雷根主義的新保守主義經濟政策行不
通。評論家還認爲，布希的一大競選錯誤就是
沒有著力提出有說服力的經濟構想，卻把大量
精力放在宣揚維護傳統價值觀念上。在英國，
新保守主義的處境似乎也不妙。先是柴契爾夫
人本人因爲立場鮮明強硬而在執政十一年後被
下屬拽下臺，她的繼任者約翰‧梅傑(John
Major)也顯得無力回天。雖然英國保守黨還沒
丟掉政權，但梅傑政府的民衆支持率已經創下
了歷史最低紀錄。因此，我們似乎可以有把握
地說，新保守主義在實踐中是失敗的。

　　但是，事情其實遠遠不是這麼簡單。判斷
一種政治學說的實踐結果是一件非常複雜的
事。首先，政治家們大多不會原原本本地實行
某種政治學說，原因之一是現實政治問題永遠
比理論複雜得多。所以，當一種政治學說或政
治理論被轉化爲具體政策時，往往已經被竄改

得面目全非了。這方面最突出的例子就是共產
黨國家的政治家們在實踐上對馬克思理論的背
叛。其次，即使一些政治家誠心誠意地想嚴格
按某種政治學說行動，他們的成功或失敗也不
等同於理論的成功或失敗，因爲我們永遠不可
能把理論的作用與其他社會力量的作用嚴格區
別開。在評論一個人物時，我們尙且強調不可
以成敗論英雄，更不能以一時之成敗論英雄，
在評論一種政治學說或思潮時更應警醒。

　　從政治實踐的角度評論新保守主義的最大
困難是，儘管美國八〇年代主政的共和黨願意
人們說他們是新保守主義的實踐者，因爲與這
些著名學者和思想家牽扯在一起對改善政黨的
形象有好處，但並不是所有的新保守主義者都
認同共和黨的施政綱領。我們剛才已經提到，
眞正在政治上加入共和黨陣營的只是一部份。
相當多的新保守主義者對於共和黨政治家的拉
攏是不爲所動的。例如，李普塞就特別強調新
保守主義與以美國前總統雷根爲代表的共和黨
新右派有原則上的區別，不能把它們混爲一
談。李普塞承認，新保守主義與新右派的政治
主張有不少相似之處，但這種相似性是表面上

的。例如，新保守主義與新右派都反對共產主
義，但二者的理由並不完全相同。新保守主義
反對共產主義的理由是共產主義敵視自由和民
主，而新右派反共產主義還因為共產主義反對
宗教、傳統和等級觀念。

更有趣的例子是克里斯托。克里斯托是最
早加入共和黨的著名保守主義代表，被許多人
視為共和黨新保守主義的「教父」。但就是這位
教父在一九八七年對雷根政府提出了尖銳的批
評。雷根的新聯邦主義政策給美國貧困階層的
生活帶來了負面的影響。克里斯托因此抨擊
說，雷根政府的國內政策是吝嗇鬼的政策，並
連帶批評了所有的共和黨政府。他寫道：典型
的「共和黨政府從來不肯在社會政策方面有任
何有趣的舉措，因為這樣的措施總是要花錢
的」。克里斯托主張，政府應當下大力氣支持一
些福利政策，不必擔心因此花錢和增加財政赤
字。例如，他主張政府應努力幫助美國的老年
人，取消對老年人領社會保險金的收入限制，
甚至主張為生活在貧困線以下的老年人增加社
會保險金額。他在《華爾街雜誌》(The Wall
Street Journal)上發表文章說：「增加了社會

保險金額，政府就可以自豪地宣布我們消滅了老年公民的貧困問題，雷根政府何樂而不爲呢？」

在一九六〇和一九七〇年代，大多數新保守主義者不僅在思想上注意與新右派的意識形態保持距離，在政治活動上也不肯與保守的共和黨掛在一起。共和黨的政治領袖們爲爭取新保守主義者下了不少工夫。一九六九年，尼克森總統任命莫尼漢爲他的國內政策顧問，後來又先後委派他爲美國駐印度大使和駐聯合國大使。但是，總的來說，共和黨領袖的努力奏效不大。一九七二年的美國總統選舉，競爭者是尼克森和民主黨候選人喬治‧麥高文（George McGovern），共和黨曾籲請新保守主義公開支持尼克松，理由麥高文在外交政策上是著名的鴿派，而新保守主義者一貫主張推行強硬的外交政策。但是，除了克里斯托之外，應者寥寥。大部份新保守主義者寧願置身事外，貝爾和格雷澤則站出來支持麥高文。

在一九六七年的總統選舉中，絕大多數新保守主義者支持亨利‧傑克遜（Henry Jackson），但最終獲勝的是名不見經傳的吉米‧卡

特(Jimmy Carter)。卡特令新保守主義者大失所望，主要原因之一是他沒有重用新保守主義者和他們欣賞的人。但就是在這種情況下，大多數新保守主義者仍然堅持了他們的自由主義立場，不肯在政治上轉向共和黨。當時的共和黨全國委員會主席比爾‧布拉克(Bill Brock)認為可以趁機拉攏新保守主義者加入共和黨，為此他單獨邀請了不少著名的新保守主義知識份子與他共進午餐，進行遊說，但收效甚微。布拉克還因此建議珍妮‧科克帕特里克在共和黨雜誌《常識》(Common Sense)上撰文以明心志。科克帕特里克應邀寫了〈為什麼我們不是共和黨人〉一文。她表示，新保守主義者不肯加入共和黨，原因是它是代表美國上層白人利益的政黨，共和黨的領袖只關心富商巨賈、工業巨頭，不同情窮人和黑人，反對社會福利政策。

　　一九八〇年代，新保守主義者與共和黨政府的關係有了比較明顯的改善。一方面，卡特政府在外交上的軟弱表現進一步激怒了新保守主義者。另一方面，共和黨的新領袖雷根親自出馬動員新保守主義者支持他，而雷根在反蘇

反共方面的強硬立場也的確打動了不少新保守主義者。這一次，雷根的策略成功了，不少新保守主義者加入了共和黨，其中著名的有科克帕特里克夫婦、帕霍雷茨、維達夫斯基、亞伯蘭斯、柏格、本尼特、德克特、希默法伯（克里斯托在一九七二年公開支持尼克森競選總統，並在此後不久加入了共和黨）。雷根任命了不少新保守主義者作高級政府官員，例如，亞伯蘭斯和科克帕特里克任職美國國務院和國防部，帕霍雷茨和瓦騰堡當了政府國際通訊問題顧問，諾瓦克成了美國在聯合國人權委員會的代表。

　　但是，儘管有這麼多的新保守主義者在雷根政府裏當了官，也不表明他們完全認同了雷根主義的新右派意識形態。如果我們認真考察一下就會發覺，新保守主義者幾乎無一例外地是在外交、國防、教育、文化這幾個政府部門任職，而在決定經濟和社會福利政策的財政部、商業部、農業部、勞動部和健康與人事服務部則看不到新保守主義者的影子。原因很明顯，新保守主義者認同的只是雷根政府反蘇反共的外交政策，在國內政策方面，他們仍然堅

持自由主義立場，其不爲共和黨政府所用是順
理成章的。就連最早加入共和黨的克里斯托也
沒有在社會福利問題上站到海耶克、傅利德曼
和雷根的立場上。一九七六年，克里斯托在我
們前文引用過的〈何謂新保守主義者？〉一文
中寫道：「新保守主義者絲毫不敵視福利國家
觀念。一般來說，新保守主義贊成這樣的社會
改革，即一方面要爲我們富有活力的都市化社
會中的個人提供社會保險和舒適生活，同時又
把官僚機構對個人事務的干預保持在最低限
度。」克里斯托在這裏說的社會改革包括「社
會保險、失業保險、某種形式的國家健康保險、
某種家庭援助計劃等等」。

　　不厭其煩地講述新保守主義者與共和黨的
關係，目的是爲了強調政治是一回事，政治哲
學是另一回事。我們不能在新保守主義與雷根
主義或柴契爾主義之間簡單地畫等號，同樣，
我們也不能把一黨在選舉中的失敗等同於某一
政治哲學的破產，甚至不能把它等同於該黨政
治綱領的失敗。

　　關於新保守主義，有一點可以肯定，隨著
民主黨重入白宮，作爲一種政治意識形態，新

保守主義已經度過了極盛期。在現實政治舞台上可能也像李普塞說的那樣，「幾乎銷聲匿迹了」（1988，頁29）。不過，人類社會存在一天，各種各樣的社會政治問題就會如影隨形一樣地存在一天。有問題，就有關於問題的多種多樣的思考，從而也就有多種多樣的解決問題的設想。迄今為止的人類歷史似乎在不斷地證明這樣一個道理，那就是世上永遠不會有一種能解釋一切問題的理論，因而也永遠不會有一種能解決一切問題的制度。無論什麼時候，人們都不能斷言歷史已經終結，也不能斷言任何一種政治哲學已經徹底破產。蘇聯垮台後，許多人認為被它奉為官方意識形態的馬克思主義、列寧主義也徹底死了。例如，曾為布希政府當過智囊的美國哈佛大學博士弗朗西斯‧福山（Francis Fukuyama）就迫不及待地宣布了他的大發現：「歷史業已終結，人類的意識形態演化已達到了其終點，西方的自由民主將實現於世界各國，它是人類政府的終極形式。」

　　但是，中國的傳統智慧告訴我們，問題絕不會這樣簡單。歷史是在一個接一個的大循環中運動的，在意識形態和文化觀念上也是如

此。中國大陸的政治評論家們近年來對「一哄
而起，一哄而散」的風氣時有批評，這種風氣
實際上不限於中國。細觀美國政治，不也是一
樣大起大落嗎？一九八〇年的總統選舉中，已
經沒有一個聰明的政治家肯公開宣稱自己是
「自由主義者」，不少評論家認爲民主黨候選
人邁克‧杜凱吉斯(Michael Dukakis)在一九
八八年選舉中犯的最大錯誤就是承認自己是自
由主義者。但是僅僅過了四年，風向就差不多
完全逆轉了。美國學者查爾斯‧鄧恩和大衛‧
伍達德就認爲美國的意識形態在過去五十年裏
轉了一個大圈子，先是羅斯福總統在四〇年代
把自由主義推上王位，然後幾任共和黨總統試
圖以保守主義取而代之，直至一九八〇年雷根
總統完成這項使命。此書出版於一九九四年，
這兩位作者怎樣評論柯林頓上台我們不得而
知，也許他們認爲是又一個三十年河東開始了
吧。

　　在一種意義上，新保守主義的影響甚至遠
及中國大陸。一九八九年的「政治風波」過後，
中國大陸的一些學者和政界人士曾聯合提出了
一種也叫「新保守主義」的政治主張。筆者對

這種新保守主義一無所知，只能肯定它與本書
著重討論的新保守主義，除了同名外絕不會有
什麼相通之處。據朋友介紹，大陸的新保守主
義是繼新權威主義之後的又一種政治改良主義
理論。這兩種理論的共同特點是不相信目前的
大陸民眾可以主宰自己的政治命運，其中心論
點是把民主政治與有效的政治管理對立起來，
認為大陸多年專制造成的困難不能用西方的民
主制去解決，必須依賴開明的政治強人。

　　人生苦短，但歷史一時是不會終結的。歷
史會告訴我們福山的預言是否荒謬可笑，也會
逐漸顯明一切政治哲學（包括新保守主義）究
竟有什麼價值。

參考書目

Ashford, Nigel. 1981. "The Neo-Conservatives" (新保守主義者), in *Government and Opposition*(政府與反對派), Vol.16, no.3. Summer: 253-268.

Barry, Norman P. 1987. *The New Right* (新右派), New York: Croom Helm.

Bell, Daniel. 1976. *The Coming of the Post-Industrial Society*(後工業社會的到來), Basic Books.

Bell, Daniel. 1978. *Cultural Contradictions of Capitalism*(資本主義的文化矛盾), Basic Books.

Burke, Edmund. 1912. *Reflections on the Revolution in France*(對法國革命的反

思），London: Dent. 本書初版於1790年.

Coser, Lewis A., and Irving Howe, eds. 1974. *The New Conservatives: A Critique From the Left*（新保守主義者：來自左翼的批評）.Quadrangle: The New York Times Book Co.

Dunn, Charles W. and J. David Woodard. 1991. *American Conservatism From Burke to Bush: An Introduction*（從柏克到布希的美國保守主義引論）. New York: Madison Books.

East, John P. 1986. *The American Conservative Movement: The Philosophical Founders*（美國的保守運動：哲學奠基人）. Chicago: Regnery Books.

Filler, Louis. 1987. *Dictionary of American Conservatism*（美國保守主義詞典）. New York: Philosophical Library.

Glazer, Nathan. 1971. "The Limits of Social Policy"（社會政策的界限），*Commentary*（評論），September 1971.

Glazer, Nathan. 1978. *Affirmative Discrimination*(新型的岐視), Basic Books.

Gottfried, Paul. 1993. *The Conservative Movement*(保守主義運動). Revised Edition. New York: Twayne Publishers.

Green, David G. 1987. *The New Conservatism: The Counter-Revolution in Political, Economic and Social Thought*(新保守主義：政治、經濟和社會思想中的反革命). New York: St. Martin's Press.

Guttman, Allen. *The Conservative Tradition in America*(美國的保守主義傳統). New York: Oxford University Press, 1967.

Honderich, Ted. 1990. *Conservatism*(保守主義). London: Hamish Hamilton.

Horowitz, I and Seymour Lipset. 1978. *Dialogues on American Politics*(關於美國政治的對話), Oxford University Press.

Kirk, Russell. *The Conservative Mind, from Burke to Eliot*(保守的心靈：從柏克到愛略特), Chicago: H. Regnery, 1960.

Kristol, Irving. 1972. *On the Democratic Idea in America*(論美國的民主觀念), Harper & Row.

Kristol, Irving. 1976. "What Is a Neo-Conservative?" (何謂新保守主義者?), *Newsweek*(新聞週刊), January 19, 1976, p.87.

Kristol, Irving. 1978a. "Is America Moving Right?" (美國在向右轉嗎?), *Public Opinion*(輿論), Vol. 1, September, 1978.

Kristol, Irving. 1978b. *Two Cheers for Capitalism*(為資本主義歡呼兩次), Basic Books.

Kristol, Irving. 1983. *Reflections of a Neo-conservative*(一個新保守主義者的反思). New York: Harper & Row.

Lipset, Seymour Martin. 1988. "Neocon-

servatism: Myth and Reality"（新保守
主義：神話與現實）, in *Society*（社會）,
Vol.25, No.5, July／August 1988: 29-
37.

McCloskey, Robert G. *American Conser-
vatism in the Age of Enterprise: A
Study of William Graham Sumner,
Stephen J. Field, and Andrew Car-
negie.* Cambridge: Harvard University
Press, 1951.

Moynihan, Daniel Patrick. 1970a. *Maxi-
mum Feasible Misunderstanding*（最大
可能的誤解）, Free Press.

Moynihan, Daniel Patrick. 1970b. "The
Case for a Family Allowance"（關於
家庭津貼論辯）, in *Glazer Cities in
Trouble*（陷入困境的城市）, Quadrangle.

Moynihan, Daniel Patrick. 1975. *Coping*
（對付）. Vintage.

Moynihan, Daniel Patrick. 1979. *A Dan-
gerous Place*（危險的地方）, Secker &
Warburg.

Nisbet, Robert. 1986. *Conservatism*(保守主義). Minneapolis: University of Minnesota Press.

Novak, Michael. 1978. *The American Vision*(美國展望), American Enterprise Institute.

Podhoretz, Norman. 1967. *Making It*(努力成功), Random House.

Podhoretz, Norman. 1979. *Breaking Ranks*(打破等級), Weidenfeld & Nicolson.

Rossiter, Clinton L. *Conservatism in America: The Thankless Persuasion*(美國的保守主義：不知感謝的信念). New York: Knopf, 1962.

Scruton, Roger. 1980. *The Meaning of Conservatism*(保守主義的意義). Harmondsworth: Penguin.

Scruton, Roger. 1982. *A Dictionary of Political Thought*(政治思想詞典). New York: Macmillan.

Steinfels, Peter. 1979. *The New Conservatives: The Man Who Are Changing*

America's Politics(新保守主義者: 改造美國政治的人們).New York: Simon and Schuster.

Trilling, Lionel. 1950. *The Liberal Imagination*(自由主義的想像).New York: Viking.

Wildavsky, Aaron. 1973. "Government and the People"(政府與人民), *Commentary*, August 1973.

Wilson, James Q. 1977. *Thinking About Crime*(關於犯罪的思考), Vintage.

後　記

　　每次在圖書館林立的書架中穿行，總免不了產生莊子式的感歎，深感以有涯之生命逐無涯之知的無奈和荒謬。然而等真的對某一個問題有了興趣，特別是開始比較深入的研究時，又往往發現難以找到適宜合用的書，從而生出另一種感歎。結果就使我對寫書頗有顧慮，怕的是腹中空空，言之無物，浪費紙張油墨不說，還要害不少人賠掉一些生命的光陰。於是就想，既然沒有什麼不吐不快的新見解，還是不去湊熱鬧吧。

　　但是，當孟樊兄來信約我寫一本關於美國新保守主義的小冊子時，我竟沒多猶豫，一口答應了下來。也許我上面講的都是些自欺欺人的鬼話吧。好名好利，也算是人之常情吧，何

況更有爲稻粱謀的現實需要呢。既然答應下來，就得硬起頭皮認眞負責地寫。現在這本書總算寫完了，有幾點實情是應該向讀者交待清楚的。

第一，這是一本簡單淺顯的書。在介紹思想家們的論證時，作者盡量化繁爲簡。讀者若覺得保守主義的某些觀點缺乏系統的理論論證，顯得過於獨斷，請相信那大多是本書作者的過錯。作者的希望是，讀者只花較短的時間便能對新保守主義有一概要的瞭解，甚至產生進一步深入研究的興趣。

第二，這是一本毫無作者創見的書。作者的工作僅限於把保守主義思想家們的想法搞清楚，然後用比較簡單明確的文字表述出來。在這一過程中，作者借用了許多研究者的成果，掠人之美之處比比皆是。具體說來，作者的工作可分爲譯、述、釋、編四部份，其中譯的成份最大。所以說，如果本書有什麼優點，那幾乎都是別人的，唯有缺點確定無疑地屬於作者。

第三，我衷心感謝孟樊兄對我的信任和鼓勵。古希臘的大哲學家蘇格拉底說過，他的工

作是當知識的助產士，讓人們把埋藏在心裏的
知識生產出來。在當代的文化界，有遠見卓識
的編輯正是在做蘇格拉底所說的助產工作。當
然，生出的嬰兒如何，是不能夠讓助產士負責
的。

　　第四，遵照叢書策劃者的要求，我在書後
列了一個長長的書單，供有興趣的讀者作深入
研究時參考。限於資料條件，我列的都是英文
書，實在是一個缺陷。這個單子完全可以列得
更長，足可炫學人。實際上，就是列出的這些，
我也只是比較認眞地讀了一小部分，限於篇
幅，只好僅列出文中引用或參考過的。好在任
何一本英文書上都能找到長長的書單，想必不
會給讀者帶來太多不便。

　　最後，我願把此書獻給中國反對保守主義
的人們。原因有兩個，一是保守主義者可能會
嫌本書過於淺陋，不足以表現保守主義理論的
博大精深；二是反對保守主義的人們大抵不肯
花太多時間懷抱同情或中立的態度認眞地聽取
對手的意見，而知彼知己又是唯一的致勝之
道。作者希望本書能爲後者提供眞實的靶子。
如果他們中竟有人因讀本書而意識到任何一種

社會政治哲學（包括聲譽不佳的保守主義）都
不是毫無道理的胡說，那就是對作者最大的獎
賞了。

李連江　謹誌

一九九三年七月

美國俄亥俄州哥倫布市

・文化手邊冊 4・

新保守主義

作　　　者／李連江

出　　　版／揚智文化事業股份有限公司

發 行 人／林智堅

副總編輯／葉忠賢

責任編輯／賴筱彌

登 記 證／局版台業字第 4799 號

地　　　址／台北市新生南路三段 88 號 5 樓之 6

電　　　話／886-2-3660309

傳　　　真／886-2-3660310

郵　　　撥／1453497-6

印　　　刷／偉勵彩色印刷股份有限公司

法律顧問／北辰法律事務所　蕭雄淋律師

初版二刷／1997 年 5 月

定　　　價／新台幣 150 元

南區總經銷／昱泓圖書有限公司

地　　　址／嘉義市通化四街 45 號

電　　　話／(05)231-1949　231-1572

傳　　　真／(05)231-1002

ISBN　957-9091-38-2

國立中央圖書館出版品預行編目資料

新保守主義＝New conservatism／李連江著.
--初版.--臺北市：揚智文化，1993〔民82〕
面；　公分.--（文化手邊冊；4）
參考書目：面
ISBN 957-9091-38-2 （平裝）

1.政治-哲學,原理

570.11   82009715